BERT HELLINGER

Entlassen werden wir vollendet

ZUM INHALT

»Erst wenn die reife Frucht zur Erde fällt,
entlässt sie, was der Zukunft dient.«

Mit diesen Worten führt Bert Hellinger in die Texte dieses Buches ein. Sie enthalten Antworten auf wesentliche Fragen und Einsichten in mögliches und fälliges menschliches Tun. Dazwischen stehen hintersinnige Aphorismen.

Dies ist ein Weisheitsbuch und ein Vermächtnis, das um die Themen Abschied und Versöhnung kreist und oft an Letztes rührt.

Bert Hellinger

Entlassen werden wir vollendet

Späte Texte

Kösel

2. Auflage 2002

Druck und Bindung: Kösel, Kempten
Umschlag: Kaselow Design, München
Umschlagmotiv: IFA/IT/TPL
ISBN 3-466-30558-6

*Gedruckt auf umweltfreundlich hergestelltem Werkdruckpapier
(säurefrei und chlorfrei gebleicht)*

Für meine Freunde

Inhalt

Einführung

Die folgenden Texte sind mir in den letzten Jahren zugeflossen. Sie bleiben nah an der Erde, sammeln aus ihr ihre Kraft und sind langsam gereift wie eine späte Frucht. Zum Teil sind sie Antworten auf Fragen, zum Teil haben sie sich mir aufgedrängt und ich brauchte sie nur niederzuschreiben. Sie sind auch ein Abschied, ohne Wehmut, wie Feierabend nach vollbrachtem Tagewerk. Aus späten Kursen habe ich einige Aufstellungen eingefügt. Sie veranschaulichen, was ich in diesen Texten sage.

Der Titel dieses Buches stammt aus meinem Gedicht *Der Kreis*. Er wird erst durch die ganze Strophe, der er entnommen wurde, verständlich. Daher zitiere ich sie hier im Wortlaut:

Als Nächstes zählt, dass, was wir in der Zeit bewirken,
sich uns mit ihr entzieht,
als würde es zu einer anderen Zeit gehören
und würden wir, wo wir zu wirken meinen,
nur wie ein Werkzeug aufgehoben,
für etwas über uns hinaus benutzt
und wieder weggelegt.
Entlassen werden wir vollendet.

Erst wenn die reife Frucht zur Erde fällt, entlässt sie, was der Zukunft dient. Wenn wir sie kosten, vergessen wir vielleicht, dass sie nur die Schale ist um das, was weiterwirkt. Und so verdichtet sich in ihr, was vorher war und was noch kommt.

Ihnen, liebe Leser, wünsche ich, dass diese Texte sie bereichern und ihnen und anderen gut tun.

Bert Hellinger

Dank

Viele Gefährten haben mich auf meinem Weg begleitet, haben mich angeregt, mitgenommen, getragen und geführt. Es sind ihrer zu viele, um sie alle zu nennen, und ich möchte keinen von ihnen missen oder vergessen.

Eine Weggefährtin jedoch will ich hier nennen und ihr von Herzen danken: meine Frau Herta.

Die Grösse

Groß ist nur, wer sich den anderen gleich fühlt, denn das Größte, was wir haben, ist das, was wir mit allen Menschen teilen. Wer dieses Große in sich fühlt und anerkennt, weiß sich groß und zugleich mit allen anderen Menschen verbunden. Wenn er es in sich anerkennt, erkennt er es zugleich in allen anderen Menschen an und weiß und fühlt sich ihnen gleich. Daher kann er sich auch unbefangen zu dieser Größe bekennen, denn sie überhöht ihn nicht, sie macht ihn ebenbürtig. Damit bestätigt er den anderen ihre Größe, und sie bestätigen ihm seine Größe. Er liebt die anderen in ihrer Größe und wird von ihnen wegen seiner Größe geliebt. Daher verbindet diese Größe alle Menschen mit Demut und Liebe.

Wer sich über andere erhebt, verliert die Verbindung zu ihnen. Er zieht sich von ihnen zurück und sie sich von ihm. Daher macht diese Überheblichkeit einsam. Und sie macht misstrauisch. Wer sich überhebt, muss fürchten, dass ihn die anderen ablehnen, dass sie heimlich darauf warten, dass er von seiner angemaßten Höhe abstürzt, bis er ihnen wieder gleich geworden ist. Ja, er selber wartet heimlich auf seinen Sturz, weil seine Seele diese Überheblichkeit auf Dauer nicht erträgt. Er macht schließlich Fehler, die Außenstehenden unverständlich bleiben, die aber im Einklang mit seiner Seele sind. Die sich über andere erhebende Größe halten wir nicht lange aus. Auch die anderen Menschen halten sie nicht lange aus.

Rilke beschreibt die Wirkung dieses Sturzes liebevoll am Ende seiner zehnten »Duineser Elegie«:

Und wir, die an *steigendes* Glück
denken, empfänden die Rührung,
die uns beinah bestürzt,
wenn ein Glückliches *fällt*.

Doch auch der, welcher sich erniedrigt und sich unter die anderen Menschen stellt, verliert die Verbindung zu ihnen. Sie spüren den Anspruch in dieser Art von Demut und die Weigerung, das der menschlichen Größe Gemäße zu tun.

Die wahre Größe ist anspruchsvoll, aber auf eine wohltuende Weise. Denn so, wie sie die anderen anerkennt, erwartet sie diese Anerkennung auch von ihnen. Dieser Anspruch kommt allen zugute. Er verbindet, wo der überhebliche Anspruch oder der das große Handeln verweigernde Anspruch trennt.

Zur Größe gehört aber auch, dass ich in mir auch das mir geschenkte Besondere anerkenne und zugleich in jedem anderen Menschen das ihm Besondere. Daher ist auch das Besondere etwas allen Menschen Gemeinsames, und es verbindet, statt dass es trennt. Denn auch das Besondere steht im Dienst des Ganzen. Daher ist es, auch wo es unterschiedlich erscheint, im Ganzen jedem anderen Besonderen gleich.

Sinnsprüche: *Demut*

Auf dem hohen Ross reitet sich's nicht lange.

Das erhobene Haupt strengt an.

Oft fällt die gute Lösung schwer, weil man an Wichtigkeit verliert.

Wer wirklich groß ist, hat verzichtet.

Alles Leid ist Lassen.

Wer nicht sündigt, bleibt ein Kind.

Kleine Geschenke verbinden, große trennen.

Im Bewusstsein der eigenen Schuld schraubt man seine Ansprüche zurück.

Was klein geworden ist, steht auf.

Ohne Hoffnung hat man alles.

Sehnsucht entfremdet.

Die Kraft

Wenn wir Menschen begegnen, spüren wir sofort, ob sie Kraft haben und wie viel. Ein Mensch, der seine Eltern liebt, hat offensichtlich mehr Kraft als jemand, der einen seiner Eltern oder sogar beide ablehnt. Männer und Frauen, die Kinder haben und sich liebevoll um ihre Kinder kümmern, haben mehr Kraft als Männer und Frauen, die kinderlos sind. Auch haben Verheiratete in der Regel mehr Kraft und Gewicht als Alleingebliebene. Offensichtlich haben also Menschen, die mit vielen anderen verbunden sind, mehr Kraft als solche, die sich anderen verschließen, was immer die Gründe dafür auch sein mögen.

Andere Menschen, mit denen wir in liebender, achtender und gebender und nehmender Liebe verbunden sind, fügen dem Eigenen etwas hinzu, weiten und vertiefen es, geben ihm Fülle und Gewicht. Mit je mehr Menschen wir auf diese Weise verbunden sind, desto größer wird das eigene seelische Gewicht und desto stärker wird die Kraft, die wir haben und ausstrahlen.

Aus dem Gesagten ergibt sich, dass wir unsere Kraft steigern und mehren können. Erstens, indem wir uns den Mitgliedern unserer Familie, die vor uns kamen, zuwenden, mit Liebe und Achtung nehmen, was uns von ihnen zufließt, und ihnen einen Platz in unserem Herzen geben. Das gilt in erster Linie für unsere Eltern.

Manchmal sind wir von ihnen entfremdet, sei es, dass es eine frühe Trennung gab, zum Beispiel, wenn einer von ihnen starb, oder wenn die Eltern sich trennten, oder auch weil wir als kleines Kind uns zu ihnen hinbewegen wollten, diese Hinbewegung aber unterbrochen oder durch widrige Umstände verhindert war. Zum Beispiel, weil wir oder weil einer der Eltern lange krank war. Das Kind erlebt diese Trennung mit so tiefem Schmerz, dass es diesen nicht anders äußern kann als mit Ablehnung, Verzweiflung und Wut. Was immer die Eltern dann tun, um dem Kind zu helfen, es erreicht das Kind nur schwer. Eltern und Kinder leiden beide darunter, und beide verlieren dadurch auch an Kraft.

Die Lösung ist, dass das Kind zurückgeht in die Zeit vor der Trennung, gleichsam zu seiner ersten Liebe, und wenn es versteht, dass seine Entfremdung von den Eltern in unerfüllter früher Sehnsucht und Not gründet, und wenn es dann mit der ursprünglichen Liebe die Hinbewegung zu den Eltern noch einmal aufnimmt, bis sie endlich ans Ziel kommt. Das geht umso leichter, wenn das Nehmen der Eltern zurückgeht bis an den Anfang des Lebens; wenn also das Kind innerlich seinen Eltern sagt: »Ich nehme das Leben von euch, wie ihr es von euren Eltern und weiter zurück von all den Vorfahren vor euch bekommen habt, mit allem, was das mit sich bringt an Möglichkeiten und Grenzen, an Freud und Leid, an Aufgaben und an Gewinn und dem unvermeidlichen Preis. Ihr seid die einzig möglichen und die einzig richtigen Eltern für mich. Ich nehme euch als meine Eltern so, wie ihr seid, als die einzigen und besten für mich.« In dem Augenblick kann die ganze Kraft der Eltern überfließen in das Kind, und das Kind fühlt sich durch seine Eltern und die Eltern fühlen sich durch das Kind reich und erfüllt.

Natürlich haben Eltern auch Fehler. Auch sie sind wie alle Menschen in ihren Möglichkeiten durch ihre Herkunft und ihre Geschichte begrenzt, vor allem auch durch ihre persönliche Schuld. Doch macht sie das, so seltsam es klingt, nicht kleiner, sondern größer. Denn unvollkommene Eltern vermitteln ihren Kindern eher die Wirklichkeit des Lebens als vollkommene. Sie machen es ihren Kindern zwar nicht leicht, dafür bereiten sie diese aber umfassender auf das wirkliche Leben vor. Wer also seinen Eltern zustimmt, wie sie sind, sie achtet, wie sie sind, sie nimmt, auch mit dem, was sie ihm auferlegen und von ihm fordern, der gewinnt durch sie die volle, ihm durch sie mögliche Kraft.

Menschen gewinnen Kraft auch durch ihr Schicksal, durch gemeisterte Aufgaben und bestandenes Leid. Darüber hinaus scheint es, als seien es vor allem die Menschen, mit denen sie verbunden waren und sind, die ihnen – wie ein unsichtbarer Kreis um sie – Gewicht und Kraft und Weite geben. Überlebende des Holocaust zum Beispiel scheinen umgeben von den Toten, mit denen sie schicksalhaft verbunden waren, als seien diese mit ihnen gegenwärtig wie eine stumme Kraft. Und so scheint es, als gehörten die Überlebenden, während sie leben, auch zu den Toten, als seien die Toten in ihnen erinnert und als erinnerten sie auch uns an die andere, die mächtigere, dunkle Wirklichkeit. Ähnliches erleben wir bei überlebenden Kriegern. Auch sie sind mit vielen Toten verbunden, von ihnen umringt, den toten Kameraden und den toten Feinden.

Kraft gewinnen wir auch durch jene, denen wir beistehen, denen wir durch unser Tun das Leben und das Weiterleben ermöglichen. Das gilt nicht nur für jene, die unmittelbar im Dienst des Lebens stehen, wie zum Beispiel Ärzte, sondern für alle, die für andere etwas leisten, in welchem Bereich auch immer. Vor allem gehören dazu auch jene, die Einfluss auf das Leben vieler Menschen haben, wie zum Beispiel die Politiker, die Arbeitgeber, die Heerführer und, in diesem Zusammenhang, auch die Reichen, soweit ihr Reichtum vielen zugute kommt. Alles Unternehmerische gibt denen, die es leisten, auch persönliches Gewicht und eine besondere Ausstrahlung und Kraft.

Auch in der Psychotherapie macht es einen Unterschied, ob der Therapeut mit einem einzelnen Menschen befasst ist, oder ob er darüber hinaus auch die Menschen im Blick hat, mit denen dieser Einzelne verbunden ist.

Wenn sich ein Klient nur mit sich befasst, mit seiner inneren Psychodynamik, hat das in der Regel wenig Kraft, außer wenn es sich um persönliche Traumata handelt. Hat er aber die anderen, die zu ihm gehören, mit im Blick, gewinnt er an Kraft, und der Therapeut kann leichter und klarer mit ihm arbeiten. Wenn der Klient zum Beispiel selbstmordgefährdet ist und er berichtet darüber nur in Bezug auf seine Gefühle, wirkt er schwach, und der Therapeut kann wenig für ihn tun. Nimmt er aber zugleich die Mitglieder seiner Familie in den Blick und berichtet zum Beispiel, dass die Mutter seiner Mutter im Kindbett starb, steht sein Problem in einem anderen Zusammenhang. Er kann nun zusammen mit seiner Mutter und Großmutter gesehen werden. Er und sein Problem gewinnen dadurch an Gewicht und an Kraft.

Auch der Therapeut gewinnt an Kraft, wenn er zusammen mit dem Klienten immer auch dessen Familie im Blick hat und ihnen allen einen Platz in seinem Herzen gibt, vor allem denen, die in dieser Familie vielleicht ausgeschlossen, verteufelt oder vergessen wurden. Diese kommen gleichsam zu den Menschen hinzu, die dem Therapeuten aus seiner eigenen Familie Kraft geben, und zu jenen, die zu ihm gehören, weil er sich ihrer schon vorher in besonderer Weise angenommen hat. Mit dieser Kraft und diesem Gewicht kann er in das System des Klienten eingreifen, ohne anmaßend zu sein, und eine Lösung finden, die sowohl dem Klienten als auch den Mitgliedern seiner Familie Auswege aus ihren Verstrickungen und neue Möglichkeiten für ein erfülltes Leben zeigt.

Sinnsprüche: *Einklang*

Wer mit seiner Seele im Einklang ist, ahmt niemals nach.

Wer sich in das Ganze fügt, lässt der Geschichte ihren Lauf.

Das Hier und Jetzt fließt.

Leicht ist, was kommen darf.

Was ausgesät ist, darf auch wachsen.

Was reift, hat Zeit.

Was Dauerndes bewirkt, kommt aus dem Einklang.

Der gleiche Wind lässt viele Drachen steigen.

Ich vertraue mehr dem Fluss als dem Flussbett.

Vergessen vollendet.

Schwimmen lernt man nur im Wasser.

Wissen ist unaufhörlich.

Liebe wartet.

Nur im Augenblick ist man verbunden.

Ja und Nein

Ein Ja ist immer auch ein Nein, und ein Nein ist immer auch ein Ja. Denn wenn ich Ja zu etwas sage, sage ich zu etwas anderem Nein, und wenn ich Nein zu etwas sage, sage ich zu etwas anderem Ja. Wenn sich ein Paar das Jawort gibt, sagt es zu allen anderen möglichen Partnern Nein. Dieses Ja ist hier auf einen Vollzug gerichtet, auf ein Handeln. Es schließt ein Handeln aus, das dem bejahten Handeln entgegensteht. Daher enge ich durch dieses Ja meine Handlungsfreiheit ein, allerdings mit einem entsprechenden Gewinn, der mich die Einschränkung vergessen lässt.

Doch was ist Freiheit für uns ohne ein Ja? Sie besteht nur so lange, bis wir uns für etwas entscheiden. Ohne eine Entscheidung für etwas, also ohne ein Ja, ist Freiheit leer. Was sollte sie uns bringen, ohne dass wir sie nutzen für ein Ja und für einen dem Ja entsprechenden Vollzug?

Ähnlich ist es mit dem Nein. Mit dem Nein schließen wir ein Ja und einen dem Ja entsprechenden Vollzug aus. Das Nein verweigert das Handeln. Nach dem Nein haben wir jedoch die Freiheit, uns neu oder anders zu entscheiden. Wir nehmen uns also durch das Nein die Freiheit zu einem anderen Ja. Das Nein ist sozusagen die Vorbereitung für ein anderes Ja. Ohne ein neues Ja und ein dem neuen Ja entsprechenden Handeln bleibt das Nein, ähnlich wie die Freiheit, leer.

Auch wenn wir Ja gesagt haben, können wir uns neu entscheiden. Diese neue Entscheidung führt das Ja weiter. Wir können auch zu dem, was wir vorher bejaht haben, wieder Nein sagen und gewinnen damit die Freiheit zu einem anderen Ja und zu einem anderen Handeln. So scheint es zumindest. Aber die Möglichkeiten zu einem neuen Ja sind in wesentlichen Dingen begrenzt. Zu viel Ja wirkt am Ende wie ein Nein. Es schränkt unsere Möglichkeiten ein, weil andere unserem Ja nicht mehr trauen. Ähnlich geht es uns mit zu viel Nein. Beides macht am Ende einsam.

Die Treue

Treue ergibt sich aus einer Bindung. Sie hat etwas mit Anhänglichkeit zu tun. Ein Kind, zum Beispiel, hängt seinen Eltern und seiner Familie an, den überkommenen Sitten, der überkommenen Religion, den Werten, die in seiner Familie gelten, und den Grenzen, die sie ihm setzt. Die Treue stimmt also vorgegebenen Grenzen zu. Sie handelt innerhalb dieser Grenzen. Sie ist innerhalb dieser Grenzen verlässlich. Wenn sie innerhalb dieser Grenzen gegenseitig ist, sichert sie unsere Zugehörigkeit. Sie sichert und vertieft sowohl unsere Bindung an die anderen als auch deren Bindung an uns. Diese Treue ist also ein kostbares Gut.

Was geschieht aber, wenn wir uns über diese Grenzen hinausentwickeln? Wenn uns diese Grenzen nicht nur Sicherheit geben, sondern uns auch gefangen halten? Daher muss Treue sich auch entwickeln auf Größeres hin. So verlässt das Kind nach einiger Zeit Vater und Mutter und hängt einem Partner an, gründet eine eigene Familie und entwickelt aus der Verbindung mit seinem Partner neue und andere Werte, die auch jene des Partners und seiner Familie anerkennt. Würde jemand in der ursprünglichen Treue verharren, bliebe er ein Leben lang ein Kind.

Menschliche Treue kann daher nur vorläufig sein, bis die Umstände eine Erweiterung fordern. Diese Erweiterung baut manchmal auf dem Früheren auf, lässt es damit auch untergründig weiterbestehen. Dann vollzieht sich die Entwicklung ohne größeren Bruch, zum Beispiel, wenn das Kind, obwohl es eine eigene Familie gründet, mit seiner Herkunftsfamilie liebevoll verbunden bleibt.

Manchmal erfordert diese Entwicklung aber auch den Abschied von etwas Früherem, ein Zurücklassen von etwas, das nicht nur vorbei ist, sondern sich auch als unzulänglich oder verkehrt erwiesen hat. Vielen Soldaten ging es so, als sie aus dem letzten Weltkrieg heimkehrten und einsehen mussten, dass die Treue, die ihnen abverlangt wurde, für sie und ihre Gegner Unheil brachte, dass diese Treue ihnen Schlimmes und manchmal auch Verbrecherisches abverlangt hat.

Die blinde Treue und der blinde Gehorsam sind also Treue und Gehorsam ohne Entwicklung. Die blinde Treue und der blinde Gehorsam verhindern Entwicklung. Sie lähmen. So heroisch die Taten auch gewesen sein mögen, die aus solcher Treue geschahen, es waren Taten von Menschen, die noch in den Fesseln der Kindertreue an Vergangenes gebunden blieben. Solche Menschen haben sich aus der Anhänglichkeit des Kindes und seiner Sehnsucht, um jeden Preis dazuzugehören, noch nicht gelöst. Daher sind sie, so mutig und verlässlich sie auch scheinen, mutig und verlässlich aus Abhängigkeit.

Die wahre Treue ist treu zum Ganzen der Wirklichkeit. Diese Treue geht über die Treue zu einer einzelnen Person oder zu einer bestimmten Gruppe hinaus und schließt andere Menschen gemäß den Umständen und der erfahrenen Aufgabe mit ein. Ja, in gewisser Weise geht sie sogar über die Treue zu sich selbst hinaus, zum Beispiel über die Treue zur eigenen Vergangenheit und dem, was man Charakter nennt. Diese Treue ist nur im Hinblick auf das größere Ganze verlässlich, im engeren Bereich aber unzuverlässig. Daher beginnt jeder entscheidende Fortschritt in moralischer, politischer, religiöser und humaner Hinsicht mit dem Überschreiten früherer Grenzen, mit einem Abschied oder Abfall, und manchmal mit einer Treulosigkeit und einer Rebellion. Sie ist aber immer ein Fortschritt auf Größeres hin, aus Treue zu einer tieferen Einsicht, zu einer anders erkannten Wirklichkeit und der aus ihr sich ergebenden Aufgabe.

Andererseits ist die Rebellion, die aus blindem Eifer entspringt und eher zerstört als erbaut, oft eine verkappte, unbewusste Treue zu etwas Kleinem. Der Eifer verrät ihre Enge. Oft sind aber die Anführer der Rebellion sehend, und nur die, die ihnen folgen, sind blind.

Nun noch ein Wort zur erzwungenen Treue, zum Beispiel wenn ein einfaches Versprechen oder ein Ja oder ein Nein nicht genügen darf und an seine Stelle ein Eid oder ein Gelübde tritt. Wir sehen das vor Gericht, wenn eine Aussage unter Eid verlangt wird, oder bei den so genannten Treueiden. Dazu gehören der Eid auf die Verfassung, der Fahneneid, der Amtseid und in der Kirche der Antimodernisteneid, durch den sich jemand verpflichten muss, gewissen Lehren (oder Einsichten) nicht anzuhängen.

Eng damit verwandt sind die Gelübde, zum Beispiel die Ordensgelübde von Armut, Keuschheit und Gehorsam und, in manchen Orden noch zusätzlich, das Gelübde des absoluten Gehorsams gegenüber dem Papst. In diesem Fall sind es ewige Gelübde, die für ein ganzes Leben binden, und so jede weitere Entwicklung über sie hinaus verhindern und unterbinden sollen. Diese Eide oder Gelübde werden gefordert als Bedingungen der Zugehörigkeit. Wer sie verweigert, darf nicht Mitglied werden oder bleiben.

Warum aber diese Eide oder Gelübde? Warum genügt nicht eine einfache Zusage oder ein Versprechen? Jesus hat seinen Jüngern gesagt: »Eure Rede soll so sein: Ja sei Ja, Nein sei Nein. Was darüber hinausgeht, ist vom Bösen.« (Mt 5,37) Um was geht es also beim Eid oder beim Gelübde? Beim Eid und beim Gelübde wird ein rächender Gott angerufen, der Angst machen soll, dessen Strafe man fürchten soll, wenn man den Eid oder das Gelübde bricht. Gott soll also von uns fordern, dass wir einen solchen Eid oder ein solches Gelübde halten? Was ist das für ein Gott, der sich als Zeuge für eine Aussage oder ein Gelöbnis in Dienst nehmen lässt, als könnten wir ihn als Büttel benutzen, um den, der einen Falscheid schwört oder einen Eid oder ein Gelübde bricht, zur Rechenschaft zu ziehen und zu bestrafen?

Wer Eide oder ein Gelübde fordert, will einen Untergebenen

einschüchtern, als hätte er Gott auf seiner Seite und als sei Gott ihm untertan. Einen solchen Gott kann es nicht geben. Wer ihn auf diese Weise anruft oder jemanden zwingen will, Gott auf diese Weise anzurufen, stellt sich über Gott. Daher sind alle diese Eide oder Gelübde, wenn sie über ein einfaches Versprechen oder eine Zusage hinausgehen, nichtig.

Wenn wir schon hier gezwungenermaßen von Gott in menschlichen Bildern reden, könnten und dürften wir vielleicht auch sagen: Er ist es seiner Ehre schuldig, sich nicht in den Dienst solcher Eide oder Gelübde zu stellen. Wenn hier einer Strafe verdient, sind es nicht jene, die einen solchen Eid oder ein solches Gelübde brechen, sondern jene, die sie verlangen und fordern.

Ich habe mich hier dazu hinreißen lassen, vom Göttlichen in einer Weise zu reden, die sogar unter Menschen entwürdigend wäre. Ich möchte mich davon jetzt nachdrücklich distanzieren und mich in Ehrfurcht neigen vor dem, was uns, obwohl erahnt, unergründlich und unsagbar bleiben muss.

Noch ein Wort zu jenen Gelübden, die jemand ablegt, um Gott zu danken oder ihn zu etwas zu zwingen.

Dankgelübde beinhalten, dass jemand etwas tun will, um für eine erfahrene Rettung oder eine Gnade zu bezahlen. Nach dem vorher Gesagten brauche ich dem wohl nichts hinzuzufügen. Größer und gemäßer wäre sicherlich, das Geschenk als unverdient zu nehmen, sich darüber zu freuen und damit etwas Gutes für sich und andere zu tun.

Schlimmer ist es bei jenen Gelübden, bei denen man Gott durch ein versprochenes persönliches Opfer zwingen will, einem eine Gnade zu erweisen. Kinder bitten manchmal Gott, dass er ihnen ihre Gesundheit oder ihr Leben nehmen soll, um jemand anderen gesund zu machen oder ihn am Leben zu erhalten. Zwar beweist das Kind durch ein solches Versprechen oder Gelübde seine Liebe, und diese verdient Achtung, doch was für ein Bild von Gott wird hier vorausgesetzt und angerufen? Hier wäre die Untreue und das Zurücknehmen des Versprechens oder des Gelübdes die größere Treue und zugleich der größere Glaube.

Noch schlimmer ist es, wenn jemand Gott ein Gelübde macht, ihm andere zu opfern, wenn er ihm eine Gunst erweist. In der Bibel wird vom Richter Jiphtach berichtet, dass er Gott das Gelübde machte, das, was ihm nach einem Sieg auf dem Heimweg als Erstes entgegenkam, zu opfern. Ihm kam als Erstes seine Tochter entgegen, und getreu seinem Gelübde opferte er sie Gott. (Ri 11,29–11,40)

Auch heutzutage herrscht noch diese Vorstellung, zum Beispiel wenn religiöse Eltern Gott ein Kind weihen wollen, damit Gott die Familie segne. Ein solches Kind fühlt sich dann verpflichtet, ins Kloster zu gehen oder Priester oder Pfarrer zu werden, und es fühlt sich schuldig, wenn es sich dem entzieht oder widersetzt.

Was also wären hier Untreue und Treue? Nur wer vor dem hier verehrten Gott den Mut hat, solche Versprechen oder Gelübde zu brechen und sich nicht den Versprechen oder Gelübden anderer zu unterwerfen, ist dem größeren Menschlichen und Göttlichen treu.

Beispiel: Der grössere Glaube*

HELLINGER *zu Juan* Um was geht es bei dir?
JUAN Meine Eltern sind sehr alt. Mein Vater leidet unter seniler Demenz. Schon sehr früh, als ich noch ein Kind war, habe ich mich von ihm gelöst. Wir hatten also sehr wenig Kontakt miteinander. Jetzt spüre ich, dass ich sehr viel Verantwortung für ihn fühle. Ich möchte wissen, wie ich mit ihm in Kontakt kommen kann.
HELLINGER Wie alt bist du?
JUAN 26.
HELLINGER Und wie alt ist der Vater?
JUAN 80.
HELLINGER Und die Mutter?
JUAN 73.
HELLINGER Hast du noch andere Geschwister?
JUAN Wir waren acht Geschwister. Die ersten sechs Kinder waren von meinem Onkel, dem ersten Mann meiner Mutter. Mein Onkel starb. Danach war meine Mutter elf Jahre lang Witwe und hat dann meinen Vater geheiratet. Aus dieser Ehe gab es noch zwei Kinder, meinen Bruder, der vor sieben Jahren starb, und ich.
HELLINGER An was ist der Bruder gestorben?
JUAN Er war Opfer eines Verkehrsunfalls.
HELLINGER An was ist der Onkel gestorben?
JUAN An einem Herzinfarkt.

*Dieses Beispiel aus einem Kurs in Sevilla ist auch auf Video dokumentiert: Bert Hellinger: *Der andere Glaube*. Deutsch mit spanischer Übersetzung. 1 VHS-Kassette. 40 Minuten. Erhältlich bei Movements of the Soul – Video Productions, c/o Harald Hohnen, Uhlandstr. 161, D-10719 Berlin

HELLINGER War dein Vater vorher verheiratet?
JUAN Er war Missionar.
HELLINGER Was für ein Missionar war er, katholisch oder evangelisch?
JUAN Katholisch. Er war bei den Weißen Vätern.
HELLINGER Wieso hat er den Orden verlassen?
JUAN Ich glaube, die Ideale haben ihm nichts mehr gesagt. Er hat sich nicht mehr wohl gefühlt und wollte wieder zurückkommen.
HELLINGER Ich war ja auch mal Missionar. Okay, wir stellen jetzt zwei Personen auf: deinen Vater und dich.

Bild 1

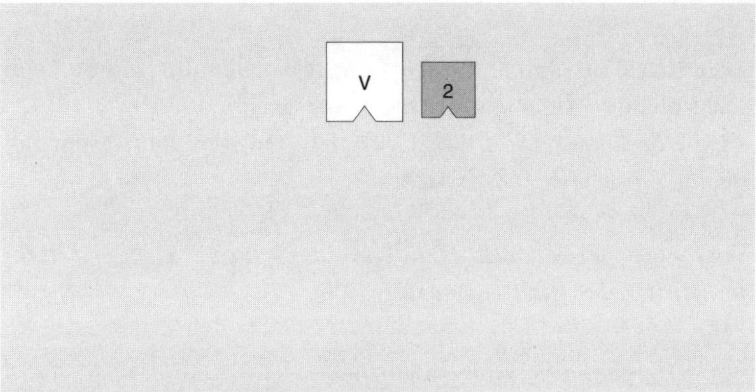

V Vater, zweiter Mann der Mutter
2 **Zweites Kind des Vaters, achtes Kind der Mutter (= Juan)**

HELLINGER *zu Juan* Bist du fromm?
JUAN Ich weiß es nicht.
HELLINGER Okay, ich habe es gesehen.

Hellinger wählt eine Frau als Stellvertreterin für Gott und stellt sie den anderen gegenüber.

Bild 2

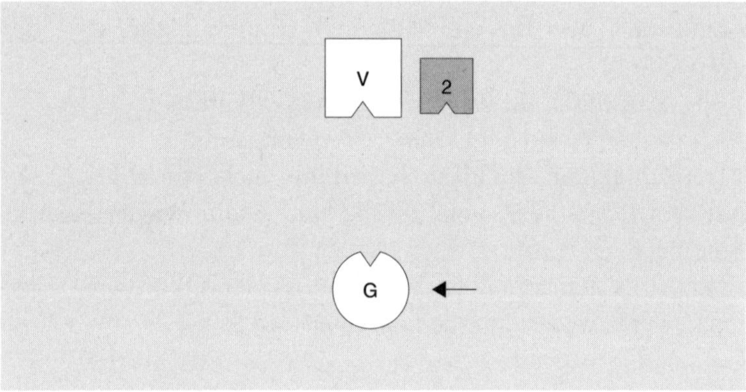

G Gott

HELLINGER *als einige in der Gruppe lachen* Ihr müsst beim Ernst bleiben, denn das ist eine ernste Sache.
als die Stellvertreterin von Gott sich bewegen will Nicht bewegen. Gott bewegt sich nicht.

Nach einer Weile wählt Hellinger eine Frau als Stellvertreterin der Mutter und stellt sie dazu.

Bild 3

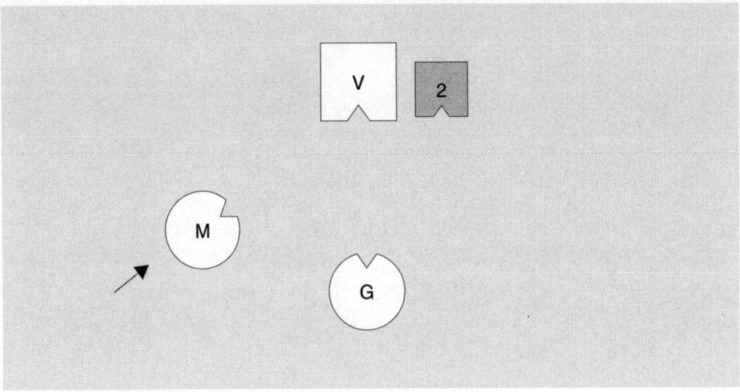

M Mutter

HELLINGER *nach einer Weile zum Vater* Was ist bei dir?
VATER Ich würde gerne näher bei meinem Sohn sein.
HELLINGER Und was ist hier herüber, zu Gott?
VATER Ich möchte mit dem Sohn zu Gott gehen.
HELLINGER *zu Juan* Ist das nicht merkwürdig?

Juan ist ratlos. Dann wählt Hellinger einen Stellvertreter für den verstorbenen Bruder.

HELLINGER *zu Juan* Das wäre dein Bruder, der gestorben ist. Den stelle ich jetzt neben Gott.

Bild 4

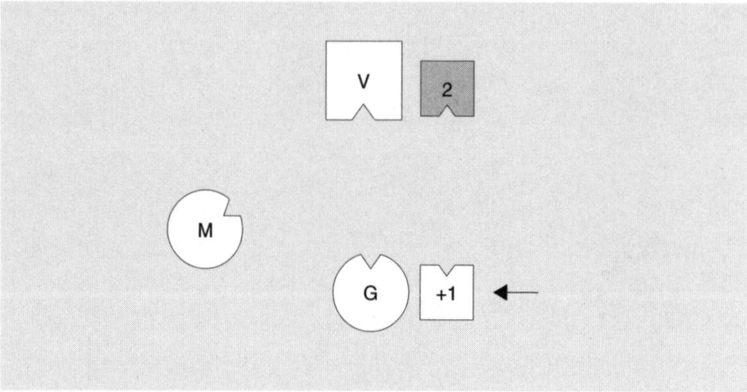

+1 Erstes Kind des Vaters, siebtes Kind der Mutter, starb bei einem Verkehrsunfall

HELLINGER Wie geht es dem Vater jetzt, besser oder schlechter?
VATER Sehr seltsam.
HELLINGER Besser oder schlechter?
VATER Besser.
HELLINGER *zu Juan* Da ist das Kinderopfer, um Gott zu versöhnen.
nach einer Weile Und du wärst der Nächste. Dein Vater wollte ja mit dir zu Gott gehen.

Juan nickt.

HELLINGER *zu Juan* Ich erzähle dir eine Geschichte.

Der größere Glaube

Einem Mann träumte in der Nacht, er habe die Stimme Gottes gehört, die ihm sagte: »Steh auf, nimm deinen Sohn, deinen einzigen geliebten, führe ihn auf den Berg, den ich dir zeigen werde, und bringe ihn mir dort zum Schlachtopfer dar!«

Am Morgen stand der Mann auf, schaute seinen Sohn an, seinen einzigen geliebten, schaute seine Frau an, die Mutter des Kindes, schaute seinen Gott an. Er nahm das Kind, führte es auf den Berg, baute einen Altar, band ihm die Hände, zog das Messer und wollte es schlachten. Doch dann hörte er noch eine andere Stimme, und er schlachtete statt seines Sohnes ein Schaf.

Wie schaut der Sohn den Vater an?
Wie der Vater den Sohn?
Wie die Frau den Mann?
Wie der Mann die Frau?
Wie schauen sie Gott an?
Und wie schaut Gott – wenn es ihn gibt – sie an?

Noch einem anderen Mann träumte in der Nacht, er habe die Stimme Gottes gehört, die ihm sagte: »Steh auf, nimm deinen Sohn, deinen einzigen geliebten, führe ihn auf den Berg, den ich dir zeigen werde, und bringe ihn mir dort zum Schlachtopfer dar!«

Am Morgen stand der Mann auf, schaute seinen Sohn an, seinen einzigen geliebten, schaute seine Frau an, die Mutter des Kindes, schaute seinen Gott an. Er gab zur Antwort, ihm ins Angesicht: »Ich tue das nicht!«

Wie schaut der Sohn den Vater an?
Wie der Vater den Sohn?
Wie die Frau den Mann?
Wie der Mann die Frau?
Wie schauen sie Gott an?
Und wie schaut Gott – wenn es ihn gibt – sie an?

Wer von den beiden Vätern hat den größeren Glauben?
JUAN Für mich der zweite.
HELLINGER Genau. Stell dich mal an deinen Platz.
als Juan an seinem Platz steht Sag Gott: »Ich habe den größeren Glauben.«
JUAN Ich habe den größeren Glauben.
HELLINGER Wie geht es Gott?
GOTT Gut.
HELLINGER *zu Juan* Da lasse ich es. Okay?

Juan nickt.

HELLINGER *nach einer Weile zur Gruppe* Ich möchte etwas sagen über Gott. Das ist sehr gewagt. Es gibt viele Leute, die reden über Gott, als wüssten sie etwas von ihm. Ich weiß nichts von ihm. Aber ich weiß etwas von Menschen, und ich weiß etwas von dem, was in den Seelen von Menschen abläuft.

Ausgleich und Liebe

Etwas, was in den Seelen von Menschen abläuft, ist ein tiefes Bedürfnis nach Ausgleich. Ganz einfach: Wenn mir jemand etwas schenkt – und das mag noch so schön sein –, habe ich ein tiefes Bedürfnis auszugleichen. Ich fühle mich unwohl, bis auch ich dem anderen etwas schenke. Wenn ich ihm etwas geschenkt habe, fühle ich mich frei. Dieses Bedürfnis nach Ausgleich ist die Grundlage jeder Beziehung. Ohne dieses Bedürfnis nach Ausgleich gibt es keinen Austausch von Mensch zu Mensch, zwischen Mann und Frau, zwischen Eltern und Kindern. Überall wirkt dieses tiefe Bedürfnis nach Ausgleich.

Dieses Bedürfnis nach Ausgleich wird gepaart mit Liebe. Wenn der Mann der Frau etwas schenkt, hat sie das Bedürfnis, ihm auch etwas zu schenken. Und weil sie ihn liebt, gibt sie ihm etwas mehr. Jetzt hat auch er wieder das Bedürfnis auszugleichen, und weil er sie liebt, gibt er ihr etwas mehr. So, aus der Verbindung des Bedürfnisses nach Ausgleich mit der Liebe, steigert sich der Austausch, und mit dem gesteigerten Austausch wächst das Glück. Das ist das Geheimnis einer guten Paarbeziehung.

Zwischen Eltern und Kindern ist es so, dass die Eltern den Kindern so viel geben, dass die Kinder nicht ausgleichen können. Was machen dann die Kinder in ihrer Not? Sie heiraten und geben ihren Kindern weiter, was sie von ihren Eltern bekommen haben. So bewirkt das Bedürfnis nach Ausgleich hier, dass die Eltern ihren Kindern so viel geben. Das ist eine schöne Sache.

Dieses Bedürfnis nach Ausgleich hat eine ganz tiefe Bedeutung für unsere Beziehungen. Und es hat auch eine Nachtseite.

Wenn mir jemand etwas Böses antut, habe ich auch das Bedürfnis auszugleichen. Ich sinne auf Rache. Manche wissen nun nicht das Geheimnis des richtigen Ausgleichs im Bösen. Sie behandeln das Schlimme wie das Gute. Also, wenn ihnen jemand etwas Schlimmes antut, dann tun sie ihm nicht nur das gleiche Schlimme an, sondern, weil sie sich im Recht fühlen, ein bisschen mehr. Damit bekommt der andere das Recht, ihnen auch wieder etwas Schlimmes anzutun und, weil er sich im Recht fühlt, ein bisschen mehr. Und so steigert sich auch der Austausch im Schlimmen.

Es gibt aber eine ganz einfache Regel für die Lösung. Man muss die Rache verbinden mit der Liebe. Also, wenn mir jemand etwas antut, dann muss ich ihm auch etwas antun. Aber weil ich ihn liebe, tue ich ihm ein bisschen weniger des Schlimmen an. Dann hat der andere kein Recht mehr, mir etwas Schlimmes anzutun. Im Gegenteil, der Austausch im Guten kann wieder beginnen. Wer dem anderen, nachdem ihm der etwas angetan hat, nicht auch etwas Schlimmes antut, gefährdet die Liebe. Das Verzeihen des Schlimmen setzt dem Austausch im Guten ein Ende. Also, man muss sich rächen, aber mit Liebe. So viel zu den menschlichen Beziehungen.

Das Kinderopfer

Nun wird dieses Bedürfnis nach Ausgleich von vielen Menschen und Religionen übertragen auf das Schicksal und auf Gott.

zu Juan Also, wenn dein Vater den Orden verlässt und er bleibt bei seinem alten Glauben, und deine Mutter bleibt bei ihrem alten Glauben, und die Kinder bleiben bei ihrem alten Glauben, dann bezahlen sie dafür. Und zwar Leben für Leben. Das heißt, es wird ein Kind geopfert. Es ist aber nicht so, dass nur der Vater das Kind opfert, die ganze Familie hat das Bedürfnis auszugleichen, ohne dass das ins Bewusstsein tritt.

Das ganze Christentum beruht auf diesem Mechanismus, dass das Gute mit dem Leben bezahlt werden muss. Es wird also etwas, was menschlich ist, und nur menschlich ist, nämlich das Bedürfnis nach Ausgleich, über den Menschen hinaus angewandt auf etwas Größeres, das wir gar nicht kennen.

Das Gottesbild

Man muss sich vorstellen, was das für ein Gottesbild ist, wenn wir meinen, wir müssten Gott für etwas, das er uns geschenkt hat, oder für etwas, das wir uns herausgenommen haben, mit einem solchen Opfer bezahlen.

Ich kann mich an eine Begebenheit erinnern, als ich Missionar in Südafrika war. Ich habe eine Kirche gebaut und wollte dafür in Deutschland ein Bild besorgen. Mir schwebte etwas Ähnliches vor wie die Skulptur, die ich in der Kirche, in der ich getauft wurde, gesehen hatte. Sie stellte drei Personen dar: Jesus am Kreuz, den Soldaten Longinus, der die Seite Jesu mit einer Lanze durchbohrte, und die Mutter Jesu unter dem Kreuz, die das Blut Jesu auffing in einem Kelch. Ich dachte, das sei ein schönes Bild, das vielleicht auch in die Kirche in Südafrika passte. Ich traf auch einen Kirchenmaler in Deutschland, der bereit war, dieses Motiv auf ein Tuch zu malen. Bevor ich das aber in Auftrag gab, habe ich ein Foto von der Skulptur gemacht und es eingeborenen Ordensschwestern in Südafrika gezeigt. Die waren über dieses Bild entsetzt: Wie kann eine Mutter so etwas machen. Sie haben mich damals eines Besseren belehrt. Im Nachhinein habe ich gedacht, ich war verrückt. Aber wenn man einmal in so einem Glauben lebt, sieht man nicht mehr, wie verrückt so etwas ist.

Was wäre hier die Lösung? Man muss vom kleinen Gott abfallen und sich dem größeren zuwenden, der für uns verborgen bleibt. Ich hoffe, ich habe das hier verdeutlicht.

Schicksal

Diese gleiche Haltung gibt es in den Familien auch dem Schicksal gegenüber. Ich bringe ein einfaches Beispiel.

Ein Ingenieur hatte sich einen Mercedes gekauft. In seiner Familie war das anmaßend. Eines Tages ist er auf der Autobahn gefahren und ein anderes Auto fuhr auf ihn auf. Er fühlte sich sehr erleichtert. Jetzt hatte er für den Mercedes dem Schicksal gegenüber bezahlt. – Wie viele Kinder gibt es, die, wenn sie sehen, dass die Eltern krank sind, Gott gegenüber ein Versprechen machen, zum Beispiel: Nimm mein Leben, damit meine Mutter am Leben bleibt. So etwas ist weit verbreitet.

Der größere Gott

Ich stelle mir dann vor, wie Gott solche Kinder anschaut.
zu Juan Nun, wie geht es diesem Gott? Dem laufen die Tränen die Wangen herunter, wenn er so etwas sieht.

Sehr viel Psychotherapie besteht darin, dass man diese Muster durchbricht. Gleichzeitig ist das hier auch eine Glaubenserziehung oder eine religiöse Erziehung, ohne dass wir wissen, wohin das steuert. Aber wir wissen, von wo es wegführt.

BEISPIEL: DIE KRIEGER*

HELLINGER *zu einer Klientin* Um was geht es?
KLIENTIN Ich habe nie eine Beziehung zu meinem Vater gehabt.
HELLINGER Was ist passiert?
KLIENTIN Er ist gestorben, als ich neun Jahre alt war.
HELLINGER An was?
KLIENTIN Es war ein Unfall, und ich glaube, es war wahrscheinlich ein Selbstmord.
HELLINGER Wie ist der Unfall passiert?
KLIENTIN Mein Vater war Redakteur und hat nachts in der Redaktion gearbeitet. Dann wollte er auf dem Treppengeländer balancieren, sagen die Kollegen, und ist abgestürzt. Das ist genau am Jahrestag des Todes vom erstem Mann meiner Mutter passiert, den sie sehr geliebt hat. Der ist im Krieg gestorben, da hat er Selbstmord begangen.
HELLINGER Wieso?
KLIENTIN Meine Mutter hat erzählt, weil er in Russland kämpfte und vor der Wahl stand, zu töten oder getötet zu werden, hat er sich für das Getötetwerden entschieden. Er ist aus dem Schützengraben in die Front gelaufen, in die Schusslinie.
HELLINGER So etwas haben die gemacht, die etwas auf dem Kerbholz hatten.
KLIENTIN Ich weiß von ihm nur Allerbestes – ich kenne ihn natürlich nicht –, weil meine Mutter ihn sehr geliebt hat.
HELLINGER In welchem Jahr war das?

*Dieses Beispiel aus einem Kurs in Berlin ist auch auf Video dokumentiert: Bert Hellinger: *Der Krieg*. 1 VHS-Kassette. 55 Minuten. Erhältlich bei Movements of the Soul – Video Productions, c/o Harald Hohnen, Uhlandstr. 161, D-10719 Berlin

KLIENTIN 1941.
HELLINGER Wir stellen diesen ersten Mann der Mutter auf, alleine.

Bild 1

+1Mn Erster Mann der Mutter, gefallen

HELLINGER Also, das wäre jetzt der erste Mann deiner Mutter. Was wolltest du noch sagen?
KLIENTIN Dass mein Vater, den sie dann später heiratete, sein bester Freund war.
HELLINGER Der war also auch im Krieg.
KLIENTIN Ja, sie waren zusammen im Krieg.
HELLINGER Bei was für einer Einheit?
KLIENTIN Ich weiß es nicht. Das war ja alles, bevor ich auf der Welt war.
HELLINGER Das hört man doch manchmal.
KLIENTIN Ich weiß es nicht, in Russland, aber ich weiß nicht, wo.
HELLINGER War jemand Offizier?
KLIENTIN Ja, beide waren Offiziere.

HELLINGER *zu Harald Hohnen* Zum Ehrenkodex der jungen Offiziere hat es gehört, dass sie über dem Schützengraben auf und ab gingen, bis sie abgeknallt wurden. Die durchschnittliche Lebensdauer für einen Offizier an der Front war, glaube ich, dreißig Stunden.
zur Klientin Wir stellen deinen Vater daneben.

Bild 2

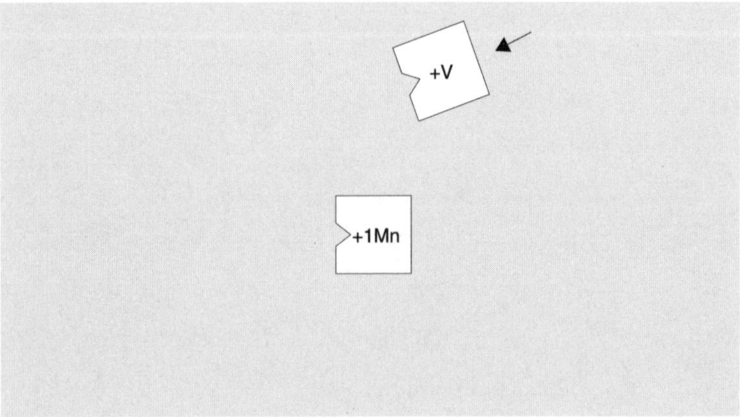

+V Vater, hat sich umgebracht

Der erste Mann der Mutter schaut zu seinem Freund, dem Vater der Klientin. Dieser wagt nicht, ihn anzuschauen. Der erste Mann wendet sich etwas mehr seinem Freund zu. Dieser wankt. Der erste Mann streckt den rechten Arm nach seinem Freund aus. Da dieser nicht reagiert, zieht er seinen Arm wieder zurück. Der Freund beginnt wieder zu schwanken, geht zwei Schritte rückwärts, wendet sich weg und geht zwei Schritte nach vorn.

Bild 3

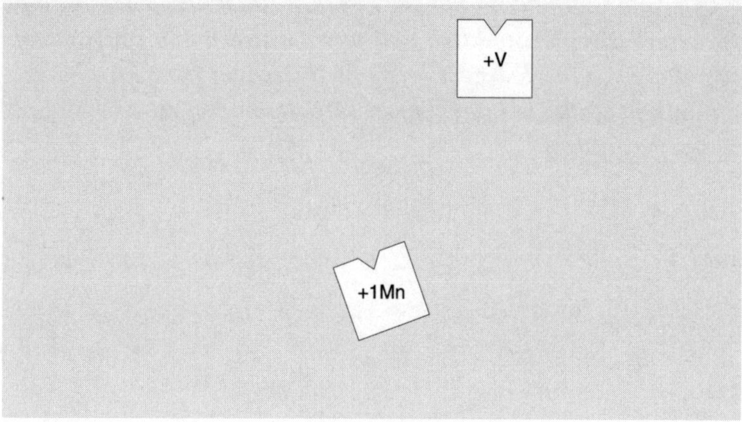

Hellinger wählt sechs Stellvertreter für russische Soldaten aus und stellt sie den beiden Offizieren gegenüber.

Bild 4

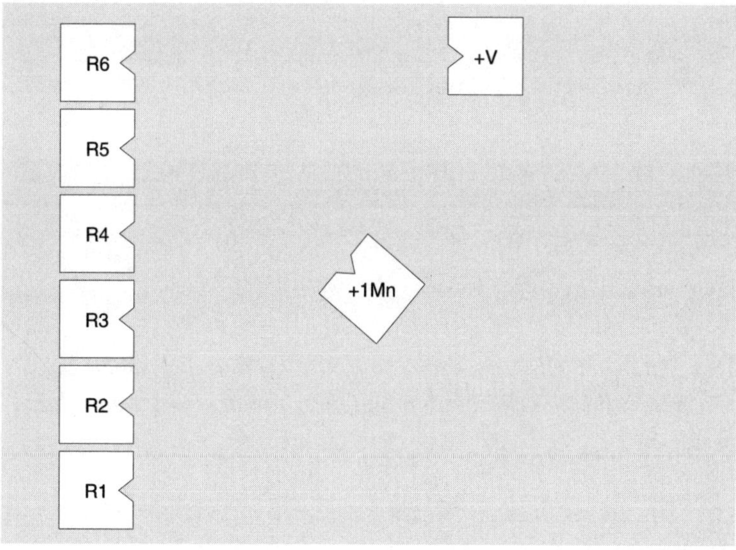

R 1 Russischer Soldat 1 usw.

Der erste Mann der Mutter schaut abwechselnd zu den russischen Soldaten und zu seinem Freund. Auch dieser schaut nun zu den russischen Soldaten und wendet sich ihnen zu. Nach einer Weile wählt Hellinger sechs Stellvertreter für deutsche Soldaten und stellt sie hinter ihren Offizieren den russischen Soldaten gegenüber.

Bild 5

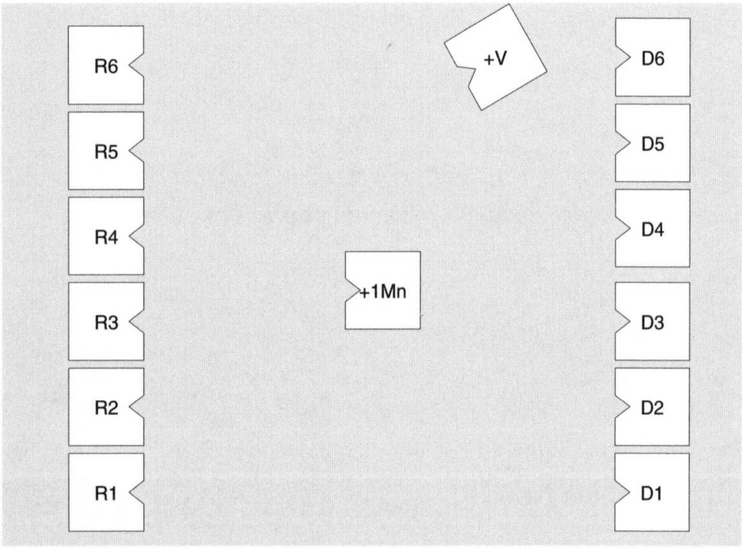

D1 Deutscher Soldat 1 usw.

Der Vater der Klientin dreht sich nun zu den deutschen Soldaten. Die Soldaten der beiden Seiten schauen sich lange schweigend an.

HELLINGER *nach einer Weile zu den Stellvertretern* Geht mit der Bewegung, wie sie ist, sobald sie sich einstellt.

Der vierte russische Soldat fällt auf den Boden und legt sich auf den Rücken.

Der fünfte russische Soldat sinkt in die Knie, lässt seinen Kopf sinken und schaut nach unten.

Der dritte deutsche Soldat tritt einen Schritt zurück.

Der zweite russische Soldat löst sich aus der Gruppe, heftet den Blick auf den ersten Mann der Mutter. Beide messen sich mit den Blicken.

Der dritte russische Soldat stellt sich hinter den Vater der Klientin, der sich inzwischen wieder von den deutschen Soldaten abgewandt hat, und senkt seinen Kopf.

Bild 6

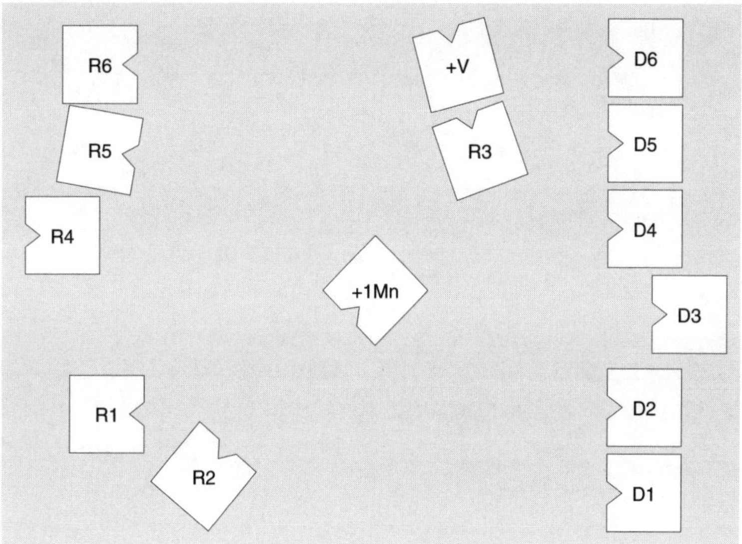

Der Vater der Klientin sinkt auf den Boden und legt sich auf den Rücken. Daraufhin geht der dritte russische Soldat wieder zurück. Inzwischen ist auch der vierte russische Soldat ganz auf den Boden gesunken und liegt auf dem Rücken. Auch der fünfte deutsche Soldat sinkt zu Boden und liegt auf seiner lin-

ken Seite. Der Vater der Klientin legt sich auf die linke Seite und liegt den deutschen Soldaten zugewandt.

Der zweite russische Soldat hält den ersten russischen Soldaten, weil dieser schwankt, lässt ihn aber nach einer Weile los.

Auch der dritte russische Soldat ist inzwischen auf den Boden gesunken und liegt auf dem Rücken.

Es kommt Bewegung in die Gruppen. Der zweite russische Soldat geht langsam auf den ersten Mann der Mutter zu. Der sechste deutsche Soldat geht neben dem Vater der Klientin in die Hocke und schaut ihn an.

Bild 7

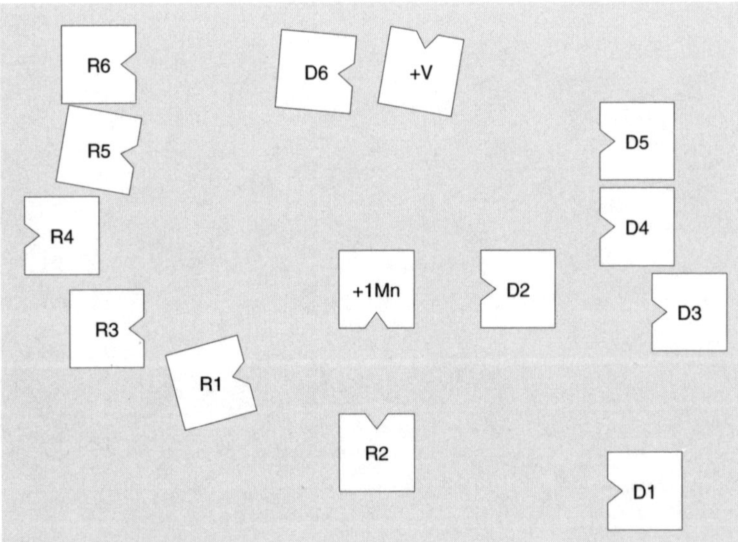

Der zweite deutsche Soldat fasst sich an die rechte Schulter.

Der zweite russische Soldat und der erste Mann der Mutter messen sich mit dem Blick, gehen noch näher aufeinander zu. Sie umkreisen sich und werden gleichsam von den noch stehenden Soldaten ihrer Seite wie in einem Handgemenge unterstützt.

Bild 8

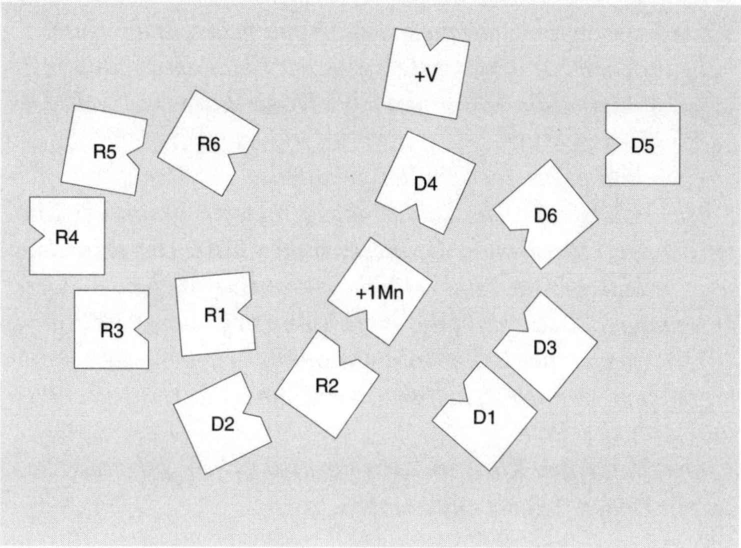

Der zweite deutsche Soldat zieht sich wieder zurück. Der erste russische Soldat breitet die Arme aus, wie um den zweiten russischen Soldaten gegen Angriffe von hinten zu schützen.

Der erste deutsche Soldat legt die Hände auf die Schultern des ersten russischen Soldaten und des ersten Mannes der Mutter, wie um sie zusammenzuführen. Der zweite russische Soldat schaut kurz zu ihm hinüber und reicht dem ersten Mann der Mutter die Hände. Der erste russische Soldat hebt die Hand zur Faust geballt, wie um das zu verhindern. Der zweite russische Soldat und der erste Mann der Mutter halten sich bei den Oberarmen und schauen sich unentwegt in die Augen. Nach einer Weile fasst der erste Mann der Mutter den zweiten russischen Soldaten am Hinterkopf und zieht diesen an seine Stirn.

Der erste russische Soldat fängt an zu beben. Er und der sechste deutsche Soldat messen sich mit ihren Blicken.

Der zweite russische Soldat und der erste Mann der Mutter haben sich etwas gelöst und schauen sich in die Augen. Dann legt der russische Soldat seine Wange an die seines Gegners, und dieser legt seinen Kopf auf dessen Schulter. Nach einer Weile lösen sie sich, schauen sich an und gehen in die Knie.

Inzwischen hat der sechste deutsche Soldat dem ersten russischen Soldaten die Hand gereicht. Dieser hat seine rechte geballte Faust geöffnet und wird vom sechsten russischen Soldaten von hinten bei der Schulter gehalten.

Der zweite russische Soldat hält den ersten Mann der Mutter bei den Oberarmen, die dieser sinken lässt. Der erste deutsche Soldat breitet seine Hände zu einer einladenden Geste auseinander. Dann sinkt der erste Mann der Mutter zu Boden.

Der zweite deutsche Soldat kommt wieder nach vorne, presst immer noch den linken Arm an seine rechte Schulter und schluchzt laut.

Der Vater der Klientin hat sich inzwischen aufgesetzt und schaut zu den deutschen Soldaten.

Bild 9

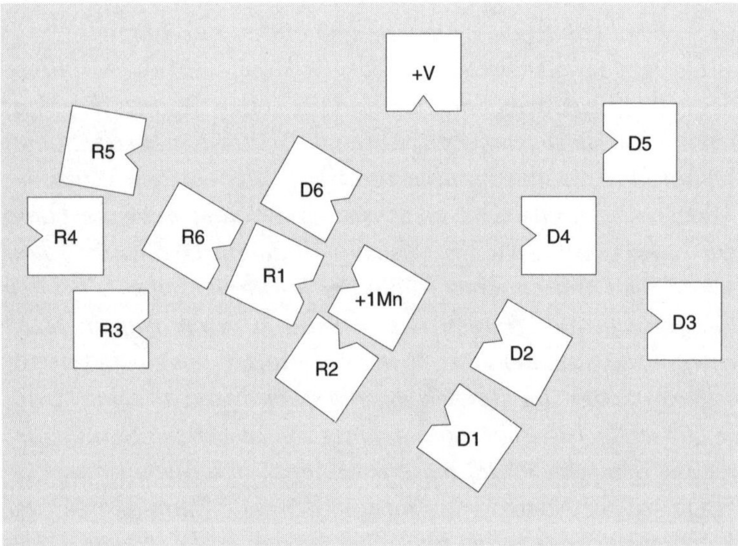

Der erste Mann der Mutter richtet sich etwas auf und schaut auf den zweiten deutschen Soldaten. Dieser ist einen Schritt zurückgetreten und schüttelt vorwurfsvoll den Kopf. Dann schaut der erste Mann der Mutter wieder auf den zweiten russischen Soldaten und legt sich wieder hin.

Der dritte deutsche Soldat schaut lange hinüber zum Vater der Klientin. Nach einer Weile steht der zweite russische Soldat auf, stellt sich zu seinen beiden noch stehenden Kameraden und zieht sich mit ihnen zurück.

Der erste Mann der Mutter liegt wie tot auf dem Rücken. Auch die deutschen Soldaten ziehen sich etwas zurück. Der Vater der Klientin hat sich von allen abgewandt und schaut nach außen.

Bild 10

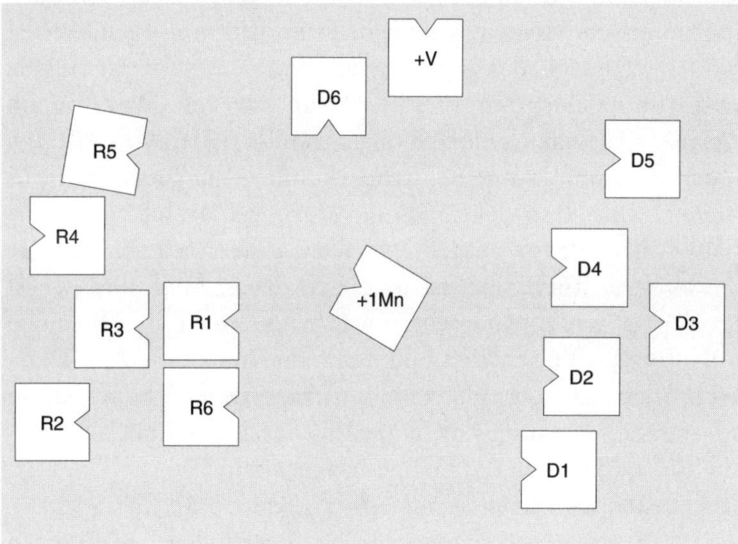

HELLINGER *nach einer Weile zu den Stellvertretern* Ich unterbreche es hier, bleibt aber noch in euren Positionen. Ich frage euch jetzt, was in euch vorgegangen ist.

zum ersten Mann der Mutter Was ist in dir vorgegangen?

ERSTER MANN DER MUTTER Sehr viel. Der Satz, der hochkam, als ich zu Boden sank, war: »Der Abschied vom Heldentum ist schwer.« Zu den Bewegungen: Ich habe eigentlich keinen gesehen, nur zunächst den Freund. Ich habe nicht verstanden, warum er nicht mitmacht. Dann dachte ich: »Dann mache ich es halt allein.« Es gab überhaupt keine Angst, sich den Russen zu stellen. Die Deutschen hinter mir habe ich eigentlich nicht wahrgenommen. Ich war bereit, bis ans Letzte zu gehen. Bei dem einen russischen Soldaten wusste ich von Anfang an, dass er gefährlich ist. Es war dann gut, näher zusammenzukommen. Als ich zu Boden sank, war klar, dass es vorbei war. Ich wollte es auch den anderen noch vermitteln, dass es vorbei war.

HELLINGER *zum Vater der Klientin* Was war bei dir?

VATER Jetzt, wo ich meinen Freund so reden höre, habe ich ihn im ersten Moment sehr lieb. Er spricht von irgendwoher, wo ich jetzt sage, das ist sehr angenehm. Wenn er von Helden und vom Heldentum spricht, denke ich mir: Was für ein Quatsch, es ist doch einfach angenehm da, jetzt, wie es ist. Ich habe mich immer nur so drehen können, die ganze Zeit nur drehen. Da war so viel Chaos, es war so viel los. Ich habe überhaupt nichts davon mitgekriegt. Jetzt, zum ersten Mal, schaue ich in einen Raum. Der ist weit, und der ist kühl, und der ist groß, er ist wie ein Gewölbe. Zwischendurch wollte ich einmal aufspringen und schreien und gegen die anderen laufen. Dann wollte ich von der Bühne hinunterspringen. Das waren so Ideen, aber es ist alles nicht gegangen. Ich habe mich nur gedreht. Und jetzt, da vor mir, ist es angenehm.

HELLINGER *zum zweiten russischen Soldaten* Bei dir?

ZWEITER RUSSISCHER SOLDAT Ich hatte den unbändigen Willen zu töten. Ich habe gedacht: »Es ist mein Land und das ist mein Platz.« In der Bewegung zu ihm hin – er war der Gefährlichste – habe ich meine anderen Kameraden nicht gesehen, nur am Anfang. Ich habe gedacht: »Ihn muss ich kriegen, egal wie.« Das war sehr teuer. Ich bin richtig daran zerbrochen innerlich. Wenn wir uns angeschaut haben – wir haben geschaut und geschaut – war das ein Kampf ohne Ende. Ich bin selbst zusammengesackt. Es war einfach teuer. Dann hatte ich Mitgefühl, ein sehr starkes, und ein Einverständnis. Danach waren mir nur noch die Opfer aus unseren Reihen wichtig. Ich war noch in meiner Kraft, aber *(er seufzt tief)*, aber gereift oder so etwas. Ich weiß gar nicht, was ich dazu sagen soll.

HELLINGER *zum dritten russischen Soldaten, der auf dem Boden liegt* Bei dir?

DRITTER RUSSISCHER SOLDAT Ich dachte: »Er *(der Vater der Klientin)* wird verheizt.« Ich verstehe auch gar nicht, was ich da noch suchte. Ich musste da irgendwie hin und dachte: »Ich muss ihn retten.« Dann hat es mich selbst erwischt.

HELLINGER *zum ersten russischen Soldaten* Bei dir?

ERSTER RUSSISCHER SOLDAT Es fing an mit Angst, dann mit viel Spannung. Dann hatte ich das Gefühl, es ist wie ein Duell mit ihm *(dem ersten Mann der Mutter)*. Dann knickten mir seitlich die Füße weg und er *(der sechste russische Soldat)* stützte mich. Dann wurden die anderen vom Gefühl her bedrohlich für ihn *(den sechsten russischen Soldaten)*. Mein Gefühl war, ich muss ihm den Rücken freihalten. In dieser Situation hier, dem Kampf *(zwischen dem zweiten russischen Soldaten und dem ersten Mann der Mutter)*, ging mein Arm immer hoch. Das war wie kurz vor dem Zuschlagen. Ich hatte von ihm *(dem sechsten russischen Soldaten)* auch Stütze. Nachdem dort eine Art von Versöhnungsgefühl entstand, konnte ich einen Teil der Spannung loslassen und auch dem fremden Soldaten die Hand reichen. Danach gab es eine tiefe Ernüchterung, jetzt dieses Sich-Zurückziehen und Sich-einfach-Ansehen, diese Bescherung.

SECHSTER RUSSISCHER SOLDAT Für mich war die ganze Zeit wichtig, nah bei meinen Freunden zu sein. Das war meine einzige Ausrichtung. Und es gab einen, der mir von Anfang an Leid tat *(der Vater der Klientin)*. Der tat mir Leid.

VIERTER RUSSISCHER SOLDAT Ich habe mich bedroht gefühlt, bin auch gleich erschossen worden und war dann tot.

FÜNFTER RUSSISCHER SOLDAT Ich hatte erst große Angst vor den Deutschen. Dann wurde ich verletzt, war aber nicht tot, und hatte die ganze Zeit eine wahnsinnige ohnmächtige Wut. Es ist gut, dass ich meine Kameraden hier spüre, aber es ist einfach ganz schlimm.

HELLINGER *zum sechsten deutschen Soldaten* Bei dir?

SECHSTER DEUTSCHER SOLDAT Ich habe von Anfang an zwei Impulse gehabt. Zum einen zog es mich zu den Offizieren *(dem russischen zweiten Soldaten und dem ersten Mann der Mutter)*, auch mit Mitgefühl. Ich habe zwar gewusst, die verheizen uns unter Umständen, aber es war auch irgendwo so ein Einverstandensein. Mir kam oft der Satz hoch: »Es ist Krieg.« Es zog mich dann auch zu den Russen. Ich habe aber auch gemerkt, ich muss da vorsichtig sein – ich kann da nicht einfach so hin –, sondern ich habe immer geguckt, ob es so etwas wie eine Einladung gibt oder ein Einverständnis bei ihnen, mich zu nähern. Es wurde leichter, als die zwei Offiziere das dann gemacht haben. Dann ging es auch mit ihm *(dem ersten russischen Soldaten)*. Bis dahin war es eine Mischung aus Verzweiflung und Ohnmacht, Erstaunen auch. Als wir uns die Hand gaben, löste sich sehr viel. Dann konnte ich erst trauern. Es war dann bitter, sehr bitter. Mein Blick schweifte von Seite zu Seite: die Toten hier und die Toten dort, die Kameraden hier, die Russen dort.

HELLINGER *zum fünften deutschen Soldaten, der auf dem Boden liegt* Bei dir?

FÜNFTER DEUTSCHER SOLDAT Zuerst kam: »So billig kriegt ihr mich nicht, ich gebe alles; ich will leben, ich will überleben, auch mit meinen Freunden an meiner Seite.« Dann hat es mich sehr schnell erwischt. Ich war auch lange nicht tot, aber ich konnte nichts mehr machen. Das war ganz schlimm, ich war ausgeliefert, hilflos, keine Kraft mehr, aber nicht tot.

VIERTER DEUTSCHER SOLDAT Ich habe mich sehr leer gefühlt, habe auch kaum einen Feind oder einen Freund gespürt und war am Anfang sehr bewegungslos gewesen. Als ich mich ein bisschen bewegen konnte, hatte ich eher den Impuls zurückzugehen und mir das von weitem anzugucken, weil ich eigentlich gar nicht viel damit zu tun haben wollte.

DRITTER DEUTSCHER SOLDAT Ganz am Anfang hatte ich ihm *(dem Vater der Klientin)* gegenüber ein eigenartiges Gefühl von »Mit dem nicht«. Hinter ihm *(dem ersten Mann der Mutter)* konnte ich am Anfang gut stehen, so nach dem Motto: »Ich helfe dir, ich komme hinterher.« Als dann die Verbrüderungsszene anfing, hatte ich nur noch Verachtung für ihn übrig. Was mir noch auffiel: Es war eine ziemlich starke Anspannung gegenüber den anderen dort drüben *(den Russen)*, aber es war kein Hass mit dabei. Jetzt ist mir so, als ob mich die Leute dort mehr achten als hier mein Offizier.

ZWEITER DEUTSCHER SOLDAT Bei mir ist viel passiert. Es hat damit angefangen, dass ich Angst bekommen habe. Er *(der erste Mann der Mutter)* stand als Erster vorn, er war ein Offizier, und ich habe gefühlt, er treibt uns jetzt in den Tod. Ich habe gehofft, dass er *(der Vater der Klientin)* einschreitet. Dann hat der sich aber umgedreht, und da war bei mir eine Resignation und ich habe gedacht: »Okay, dann geht es halt in den Tod.« Dann standen sich die beiden gegenüber und ich hatte das Gefühl, ich muss ihm helfen. Ich hätte gerne meine Hand zwischen denen in den Blick gebracht und habe gedacht, ich gehe mit ihm und dann kriegen wir ihn, er darf das nicht. Dann bin ich angeschossen worden. Ich hatte das Gefühl, mein rechter Arm hängt jetzt herunter und ich habe ein Loch hier drin *(in der rechten Schulter)*. Ich habe dann versucht, den anderen wenigstens zu umkreisen. Ich habe meinen Offizier sehr verehrt, ich habe ihn geliebt, er war mein Führer, er war alles, für ihn wäre ich gestorben. Dann habe ich gesehen, dass er unterliegt, dass er anfängt, den anderen zu mögen. Das habe ich nicht sehen können, da musste ich weggehen. Dann habe ich gesehen, dass er verliert, dass er uns einfach aufgibt und habe ihn verachtet. Ich habe die ganze Zeit den Impuls gehabt zu sagen: »Du Schwein, du Schwein, du Schwein.« Ich war total verzweifelt. Dann wollte er mich auch noch mit in den Tod ziehen. Dann habe ich gesagt: »Nein, jetzt ist Schluss.« Dann hatte ich einfach den Impuls, wir müssen zusammen etwas tun, wir müssen gucken, die sind schon wieder so weit vorne, wir müssen uns zusammenbringen. Ich habe wieder auf den anderen Offizier geguckt *(den Vater der Klientin)* und gesehen, der macht nichts. Dann habe ich das Gefühl gehabt: »Ich mach's, aber ich kann's nicht.« Dann kam so etwas wie: »Okay, dann halt der Tod.«

ERSTER DEUTSCHER SOLDAT Mein erster Impuls war: »Weg!« Ich habe ihm *(dem ersten Mann der Mutter)* nicht getraut, ich habe mich von ihm verraten gefühlt, ich wollte mit ihm nichts zu tun haben. Als dann diese Zweikampfsituation entstand, war mein Impuls, näher ranzugehen und Versöhnung zu schaffen, also die irgendwie zusammenbringen. Ich hatte von Anfang an keine Angst vor den Russen. Bei mir war auch ein Impuls, rüberzugehen, wir sind Menschen. So war mein Impuls. Als dann die Versöhnung zwischen den beiden stattfand, war der Impuls, sie noch deutlicher zusammenzubringen. Dann machte ich fast so eine Segensgeste. Ich hatte nicht das Bild Freund – Feind, gar nicht. Am Anfang aber hatte ich gedacht: »Du Arsch, du verarschst uns.«

HELLINGER *zum ersten Mann der Mutter* Willst du noch etwas sagen?

ERSTER MANN DER MUTTER Hier bleibt ein Gefühl von unendlicher Einsamkeit und auch von Betrug, von Betrogen-worden-Sein. Das wollte ich noch dazufügen.

HELLINGER *zu den Stellvertretern* Jetzt geht raus aus der Situation, und Dank euch allen.

zur Klientin Das ist natürlich über deine Situation weit hinausgegangen.

KLIENTIN Ich weiß immer noch nicht, was meine Eltern für

eine Beziehung zueinander hatten und was mein Vater zu uns Kindern für eine Beziehung hatte.

HELLINGER *zur Gruppe* Wie klein, angesichts dessen, was abgelaufen ist. Wie kleinlich. Gar kein Mitgefühl hat sie mit den Soldaten.

zur Klientin Dann kriegst du auch deinen entsprechenden Lohn.

Die Klientin nickt betroffen.

HELLINGER *zur Gruppe* Was hier abgelaufen ist, bedarf keines Kommentars. Man darf auch nicht versuchen, es zu kommentieren. Es ist zu vielschichtig und zu groß, was da abläuft.

Bewegungen der Seele

Was Bewegungen der Seele sind, konnten wir jetzt beobachten. Dass sie weit über unsere Theorien hinausgehen und unsere Vorstellungen von Gut und Böse. Und dass sie uns zeigen, wie sehr wir eingebunden sind in große Bewegungen, die von fern her gesteuert sind und denen wir uns einfügen müssen, wie sie sind. Dann ergibt sich aus ihnen die Ernüchterung, die hier deutlich wurde, von unseren Idealen und von Größe. Aus ihnen ergibt sich auch, wie sehr wir in etwas eingebunden sind, das uns führt und trägt und fordert und opfert, je nachdem. Das macht uns sehr bescheiden. Dieser Blick auf das, was das Wesentliche trägt und bewegt, gibt uns ein anderes Bild von den Mächten, die uns regieren, wie immer wir sie nennen. Gott oder das Geheimnis oder wie immer wir es nennen, ist nicht, wie wir uns das wünschen, lieb. Es ist viel zu groß, um einfach lieb zu sein.

Gleichzeitig, wenn wir diese Bewegungen beobachten: Welche Größe ist da in jedem von denen gewesen, auf beiden Seiten. Welche Größe, die weit über das hinausgeht, was wir mit einem glücklichen oder lieben oder guten Leben verbinden. Hier wird uns vor Augen geführt, dass wir nicht nur von guten und lieben Kräften gelenkt werden, sondern von gewaltigen, die über uns hinwegrollen und anderes anzielen als uns. Gerade indem wir uns in sie einfügen, gewinnen wir unseren Halt und unsere eigene Bewegung.

Zum Schluss möchte ich eine Geschichte erzählen. Sie erläutert noch etwas zu dem, was hier abgelaufen ist.

Der Kreis

Ein Betroffener bat einen, der mit ihm ein Stück des gleichen Weges ging:
»Sage mir, was für uns zählt.«

Der andere gab ihm zur Antwort:
»Als Erstes zählt, dass wir am Leben sind für eine Zeit,
so dass es einen Anfang hat, vor dem schon vieles war,
und dass es, wenn es endet, zurück ins Viele vor ihm fällt.
Denn wie bei einem Kreis, wenn er sich schließt,
sein Ende und sein Anfang ein und dasselbe werden,
so schließt das Nachher unseres Lebens sich nahtlos seinem Vorher an,
als wäre zwischen ihnen keine Zeit gewesen:
Zeit haben wir daher nur jetzt.

Als Nächstes zählt, dass, was wir in der Zeit bewirken,
sich uns mit ihr entzieht,
als würde es zu einer anderen Zeit gehören,
und würden wir, wo wir zu wirken meinen,
nur wie ein Werkzeug aufgehoben,
für etwas über uns hinaus benutzt
und wieder weggelegt.
Entlassen werden wir vollendet.«

Der Betroffene fragte:
»Wenn wir und was wir wirken, jedes zu seiner Zeit besteht und endet,
was zählt, wenn unsere Zeit sich schließt?«

Der andere sprach:
»Es zählt das Vorher und das Nachher
als ein Gleiches.«

Dann trennten ihre Wege sich
und ihre Zeit,
und beide hielten an
und inne.

Die Seele

Die Seele bewegt. Alles, was sich von innen her bewegt, was entsteht, sich entwickelt und vergeht, ist bewegt von Seele. Die Seele bewegt also innerhalb der Zeit auf Ziele hin und gemäß einer Ordnung, die ihr im Einzelfalle vorgegeben ist. Die Seele, wenn wir sie auch als das Bewegende des Ganzen begreifen, gibt diese Ordnung dem Einzelnen sich zubewegenden vor. Denn auch das Ganze bewegt sich in der Weise, dass sich die einzelnen Bewegungen ergänzen und gegenseitig bedingen und so, dass alle Bewegungen sich zusammen einem Ziel und einem Ende zubewegen. Die Seele kann also nichts Einzelnes sein, nichts, was das Einzelne sich bewegende besitzt. Die Seele zeigt sich nur auf verschiedene Weise, zum Beispiel in der einzelnen Pflanze, im einzelnen Tier, im einzelnen Menschen. So, wie sie sich in der einzelnen Pflanze, im einzelnen Tier, im einzelnen Menschen zeigt, so zeigt sie sich in den größeren Verbänden und Einheiten, die sie zusammenhält und zusammen bewegt, zum Beispiel in der Art, die viele einzelne Pflanzen und einzelne Tiere und die Menschheit als Ganzes miteinander verbindet. Doch auch übergreifend, die Art übersteigend, zeigt sich eine gemeinsame Seele, zum Beispiel in einem Biotop, der Lebensgemeinschaft verschiedener Arten, und beim Menschen in der Lebensgemeinschaft einer Familie und Sippe, der Lebensgemeinschaft mit einem Volk, der Lebensgemeinschaft vieler Völker und der Menschheit im Ganzen. Und sie zeigt sich auch in der Lebensgemeinschaft des Menschen mit seiner Umgebung, mit seiner Umwelt und der Natur.

Wenn wir dies bedenken, auf was käme es dann beim einzelnen Menschen an? Dass er auf die Bewegungen der Seele achtet, sowohl in sich, als auch in seiner Familie, als auch in der größeren Gemeinschaft der Menschen, als auch in seiner Umwelt. Dass er sich ihnen fügt, sie voll zum Zuge kommen lässt und ihrer Ordnung folgt.

Das ist aber weniger ein tätiger als ein untätiger Vorgang. Das heißt, dass wir eher die Seele durch uns wirken lassen statt ihr gleichsam zuvorzukommen. Dann kommt unser Handeln aus einer inneren Sammlung und aus der Antwort auf einen Impuls der Seele, sei es, dass er nun von innen kommt oder dass er uns von außen als unausweichliche Aufgabe begegnet.

Da die Bewegungen der Seele eine Entwicklung durchlaufen, heißt das aber auch, dass frühere Bewegungen und frühere Entwicklungen durch neue, spätere abgelöst werden und dass unser Verhaftetsein an frühere Phasen uns am Erkennen der späteren Phasen und an dem Uns-ihnen-Anvertrauen hindert.

Bei uns ist es vor allem das Verhaftetsein an das kollektive unbewusste Gewissen, unsere Blindheit gegenüber den Grenzen des persönlichen, bewussten Gewissens und an die unter dem Einfluss dieser beiden Gewissen entstandenen Religionen oder Ideologien, die uns gegenüber den Bewegungen der Seele in unserer Zeit blind und verschlossen werden lassen.

Um für die Bewegungen der Seele offen zu sein und für sie durchlässig zu werden und uns von ihnen in den Dienst nehmen zu lassen, brauchen wir den Mut hinzuschauen, was die Gewissen und die Religionen und Ideologien mit den Menschen machen, so wichtig viele von ihnen zu ihrer Zeit auch gewesen sein mögen. Wir müssen sehen, wie sie spalten, wie sie die einen den anderen opfern, wie sie der wesentlichen Ebenbürtigkeit aller Menschen und ihrer Gleichheit entgegenstehen und daher die Wurzel vieler Kriege und Opfer sind. Erst dieser Mut befähigt uns, die Grenzen der Gewissen und die Grenzen der Religionen und der Ideologien zu durchschauen und im Einklang mit den Bewegungen der Seele dem zu dienen, was alle Menschen würdigt, achtet, fördert und eint, weil wir sie alle als von der gleichen Seele geliebt und bewegt erkennen.

Das Schlüsselwort dafür heißt: Reinigung.

Sinnsprüche: *Seele*

Je mehr einer hat, desto schwächer wird seine Seele.

Das Leid ist größer als das Wunder.

Das Ich will, die Seele hat.

Viele Dinge verlieren, wenn man sie hat.

Wenn einer sagt: »Ich habe eine Seele«, ist es,
wie wenn ein Fluss sagt: »Ich habe das Wasser«.

Der Geist ist schnell und oft daneben,
die Seele langsam und am Punkt.

Dem Reichtum der Seele wird kein Therapeut gerecht.

Die Seele ist weit.

Die Seele ist immer gesund.

Die Sittlichkeit

Wenn wir von Sittlichkeit sprechen, befällt uns leicht ein Gefühl von Enge und Unterwerfung, von Gehorsam und beschränkter Freiheit. Wir verbinden dann Sittlichkeit mit erfüllten Geboten, oft von außen auferlegt. Diese Sittlichkeit erleben wir als Anspruch, als seien wir von Anspruchsvollen umgeben und unter ihnen als Einzelne isoliert. Kein Wunder, dass diese Sittlichkeit für uns nur wenig Anziehendes hat.

Man kann die Sittlichkeit auch völlig anders erleben. Sittlich ist, was der Sitte entspricht und menschliches Zusammenleben möglich macht. Diese Sittlichkeit gibt in einer menschlichen Gemeinschaft jedem seinen Platz und seine Sicherheit, und sie macht alle gleich. Als Haltung ist diese Sittlichkeit nach einem Wort von Konfuzius nichts anderes als Menschenliebe. Sie weitet das Herz und öffnet uns für das Du. Sie fügt uns ein in die Gemeinschaft der Menschen, weil sie alle als gleich erachtet, mit gleicher Würde, gleichen Bedürfnissen, gleicher Beachtung wert und gleichem Anspruch. Daher fühlen wir uns unter solchen Sittlichen wohl. Bei ihnen können wir mit Goethe sagen: »Hier bin ich Mensch, hier darf ich's sein.« Wer sich und die anderen auf diese Weise liebt, achtet die Sitte und die Ordnung, soweit sie dem Zusammenleben dienen und es erleichtern.

Unsittlich in diesem Sinne wäre, wer gegen die gute Sitte verstößt, das heißt, wer sich über andere Menschen erhebt, ihnen die Anerkennung ihrer Würde, ihres Platzes, ihrer Bedürfnisse und ihrer Ansprüche verweigert. Der Unsittliche stellt sich außerhalb der Gemeinschaft mit anderen und verliert dadurch seinen Platz und seine Sicherheit.

Vielleicht darf ich hier noch ein anderes Wort von Konfuzius zitieren, das zeigt, dass wahre Sittlichkeit bescheiden und menschlich ist. Er sagt: »Der Edle verlangt nichts Vollkommenes von einem Menschen.« Solche Sittlichkeit ist zugewandt, ermutigt und macht milde.

Die Pflicht

Wenn wir an Pflicht denken, schaudert uns manchmal, weil wir uns unfrei und eingeengt fühlen, denn es gibt Erfahrungen mit Pflicht und mit Hinweisen auf Pflicht, die diesen Gefühlen Recht geben, vor allem, wenn die Forderung nach einer Pflichterfüllung verbunden war mit der Androhung von Strafen.

Doch wir können auch ganz anders auf die Pflichten schauen. Dann sind sie gewöhnlich und einfach. Solche Pflichten ergeben sich aus einer Bindung und aus empfangener Liebe. Auch die Bindung ist ein Ergebnis der Liebe. Wenn Mann und Frau sich lieben, entsteht eine Bindung, die sich noch vertieft, wenn ihre Liebe sich erfüllt in einem Kind. Dann ist der Mann an die Frau gebunden und die Frau an den Mann, und als Eltern sind sie an ihr Kind gebunden und das Kind an sie. Aber es ist eine Bindung aus Liebe. Aus dieser Bindung und dieser Liebe ergeben sich sowohl Pflichten wie Rechte. Die Pflicht geht hier einher mit der Liebe, sie ist gezeigte Liebe, und das Recht ergibt sich aus dieser gezeigten Liebe und der erfüllten Pflicht. Wie daher in der Beziehung zwischen Mann und Frau und zwischen Eltern und Kindern die Bindung und die Liebe gegenseitig sind, so ist zwischen ihnen auch die Pflicht gegenseitig, und gegenseitig ist auch das Recht auf die Erfüllung der Pflichten, die sich aus der gegenseitigen Bindung und Liebe ergeben. Wo also die Liebe wirkt, werden die gegenseitigen Pflichten gerne erfüllt und werden die gegenseitigen Rechte gerne anerkannt und gewährt.

Wenn der Mann die Frau liebt und die Frau den Mann, lieben sie auch das Kind. Die Pflichten gegenüber dem Partner und gegenüber dem Kind fallen dann leicht. Die gegenseitigen

Forderungen und Erwartungen bleiben hier im Rahmen der Liebe. Sie gehen nicht über sie hinaus. Daher werden die Pflichten, die sich daraus ergeben, auch nicht zur Last. Sie gehören zum Vollzug der Liebe.

Was Liebe, Pflicht und Recht bedeuten, erfahren wir grundlegend in unserer Familie. Die Familie liefert das Modell für gemäße Liebe, gemäße Pflicht, gemäßes Recht. Liebe, Pflicht und Recht sind hier immer gegenseitig, und die Pflicht und das Recht gehen nicht über das durch die Liebe und die Bindung gesetzte Maß hinaus.

Dieses Modell können wir nun auch auf die erweiterte Familie anwenden, zum Beispiel auf Freundschaften, auf die Arbeitsverhältnisse in unserem Beruf, auf das Volk, dem wir angehören, und letztlich auf die Menschheit als Ganzes. Abweichungen von dieser Vorgabe lassen menschliche Gemeinschaften verarmen. Wo, zum Beispiel, Ausbeutung herrscht, wird die Pflichterfüllung zur Last und wird vermieden oder gemindert, je nach der Macht, die den Ausgebeuteten bleibt. Doch auch umgekehrt, wenn die Pflichterfüllung verweigert wird, um zu schaden, wenn eine Machtposition ausgenützt wird, ohne auch auf die Auswirkungen auf Unschuldige zu schauen, leidet nach der Beendigung des Konflikts die Liebe und die Erfüllung der gegenseitigen Pflicht.

Pflicht ohne Liebe kann wenig bewirken. Erst die Liebe macht sie bereichernd und schön.

Sinnsprüche: *Gut und Böse*

Dem Reinen lässt die Sünde keine Ruhe.

Die Besseren sind meist ein bisschen schlechter.

Wer sich besser fühlt, der büßt.

Sühne ist Egoismus.

Hilflosigkeit ist oft eine Tarnung für das Böse.

Manchen, die Einwände machen, ist keine Lösung lieber als eine gute.

Aufarbeiten heißt manchmal: sich aneinander rächen.

Wer gegen etwas ist, ist ihm nahe.

Das Helfen

Das Helfen ist gefährlich. Denn es kann ein Eingriff in die Bewegung einer anderen Seele sein und es kann diese Bewegung stören. Wenn ich helfen will, muss ich daher zuerst in Einklang kommen mit der Seele des anderen, und ich muss darauf warten, dass seine Seele in Einklang kommt mit meiner Seele, bis sie gemeinsam schwingen. Dann kann ich einen anderen im Einklang mit meiner und seiner Seele leiten, nur als Begleiter seiner Seele, und nur so weit, als seine und meine Seele es erlaubt.

Ich kann spüren, ob ich beim Helfen im Einklang mit meiner Seele bin, wenn ich dabei völlig ruhig sein und jederzeit aufhören kann. Wenn ich zu weit gehe, merke ich, dass meine Seele sich zurückzieht, dass sie unruhig wird, dass ich anfange zu denken statt zu handeln. Dann bin ich nicht mehr im Einklang mit meiner Seele und auch nicht im Einklang mit der Seele des anderen.

Wenn der andere unruhig wird, weiß ich, dass auch er nicht im Einklang mit seiner Seele ist. Dann höre ich sofort auf.

Manchmal, wenn ich jemandem helfen will oder muss, wenn es die Umstände mir, sozusagen, unausweichlich machen, merke ich, dass ich Schritte unternehmen muss, die gefährlich sind. Dann dennoch zu helfen, braucht Mut. Diese Schritte sind insofern gefährlich, als ich weiß, dass ein anderer, der mit dabei ist, der aber nicht im Einklang mit seiner Seele ist, mir später Vorwürfe machen kann, mich vielleicht sogar anklagt, weil ich etwas tue, was er für falsch hält, obwohl er sich selbst nicht einlässt auf das, was der andere braucht und will. Dann beginnt er vielleicht auf Kosten des Klienten einen Machtkampf mit mir und opfert das Heil des Klienten seiner

Vorstellung. So etwas begegnet man häufig bei solchen, die einer besonderen Schule angehören, die ihre Theorien zum Teil auf Glaubenssätzen aufbaut. Sie verlangen dann von mir, dass ich diesen Glaubenssätzen anhänge und sie befolge, obwohl die Wirklichkeit, die unmittelbare, das nicht rechtfertigt.

Das Helfen braucht also auf der einen Seite den Einklang und auf der anderen Seite den Mut. Und es braucht die Bereitschaft aufzuhören, wo der Einklang aufhört. Wir wissen nämlich nicht, was für den Einzelnen gemäß ist. Wenn der Einklang aufhört, muss auch das Helfen aufhören. Dann zieht man sich vom Helfen zurück.

Wenn ich mich für jemanden verantwortlich fühle, nachdem ich ihm innerhalb der Grenzen, die ich aufgezeigt habe, geholfen habe, dann übernehme ich eine Rolle, die mir nicht zusteht. Auf einmal bin ich dann für ihn Vater oder Mutter, komme vielleicht in Konkurrenz mit seinem Vater und mit seiner Mutter, und bin dadurch gelähmt.

Also, dieses Helfen muss auch im Einklang sein mit seinem Vater und seiner Mutter und seiner Familie. Dann erreicht das Helfen in diesem Rahmen nicht nur den Klienten. Es erreicht auch seine Familie und gewinnt aus dem Einklang mit seiner Familie eine besondere Kraft.

Sinnsprüche: *Helfen*

Helfen ist still.

Mitleid heißt: aushalten, was der andere leidet.

Die Krankheit wartet manchmal auf die Therapie.

Sobald wir auf Lösungen ausgerichtet sind,
kommen wir auch auf Umwegen ans Ziel.

Manchmal geht die Krankheit – wenn man bleibt.

Entwicklung ist unausweichlich.

Trösten kann, wer gleich geworden ist.

Was richtig ist, hat keine Eile.

Die Zwietracht

Zwietracht entsteht, wenn zwei in verschiedene Richtungen schauen und gehen, um an das gleiche Ziel zu gelangen. Der andere Blick und das andere Trachten und Wollen umgeben das Ziel, wie wenn ein weiter Kreis sich um die gleiche Mitte schließt. Dadurch erscheint am Ende das von zweien in Zwietracht angestrebte Ziel weiter, fülliger, reicher und überragt jeden einzelnen der beiden unterschiedlichen Wege bei weitem.

Die Frage ist nun: Was können und sollen wir tun, wenn wir uns auf diese Weise mit anderen in Zwietracht erleben? Sollen wir die Eintracht suchen, um zusammen die gleiche Richtung zu nehmen? Was geschieht dann mit dem Ziel? Solche Eintracht schadet vielleicht dem Ziel und beraubt es um einer einträchtigen Bequemlichkeit willen seiner Fülle. Nicht wir nähern uns dann dem Ziel, sondern wir ziehen das Ziel näher zu uns, passen es an uns an, statt uns an dieses Ziel.

Die wahre Eintracht entsteht also nicht auf dem Weg, sondern erst am Ziel. Mit dieser Eintracht im Blick können wir die Zwietracht der Wege gelassen ertragen.

Es gibt aber auch eine Eintracht, die uns auf einem schwierigen Weg verbindet. Sie stärkt uns, diesen Weg mutig weiterzugehen. Diese Eintracht von mehreren hebt die Zwietracht mit anderen nicht auf. Sie achtet dennoch die Fülle des Ziels. Doch macht sie für uns die Zwietracht mit denen, die auf anderem Weg ans Ziel gelangen wollen, eher erträglich.

Sinnsprüche: *Glück und Unglück*

Das Unglück hat eine gewisse Anziehungskraft –
bis man es von ferne küsst.

Der Ernst des Lebens macht glücklich.

Das Unglück hat ein langes Gedächtnis.

Das Glück ist vergesslich.

Weil das Glück gefährlich ist, darf man es manchmal
nur heimlich pflegen.

An den Tränen des Selbstmitleids geht das Glück vorbei.

Denen, die jammern, kann man nicht helfen.

Das Glück hat Arme.

Wer verweigert, ist bald arm.

Zurückschauen lähmt.

Die Einsamkeit

Ohne Beziehung und ohne erfahrene und schenkende Liebe verkümmern wir, gehen ein und zugrunde. Wir wachsen durch unsere Beziehungen und entfalten uns durch sie, sowohl im Empfangen als auch im Geben. Doch seltsamerweise, je mehr Menschen unser Geben erreicht und von je mehr Menschen uns dadurch Anerkennung und Dank gezollt wird, und sei es nur dadurch, dass etwas, was wir gesagt, getan, erfahren, erlitten und geleistet haben, ihnen geholfen und sie bereichert hat, sie weitergeführt, ihnen neue Möglichkeiten eröffnet und ihrer Vollendung gedient hat, desto mehr müssen wir uns von ihnen zurücknehmen und desto einsamer werden und müssen wir sein.

Im Gegensatz zur Einsamkeit des Kindes, das darunter leidet und daran sogar stirbt, ist diese Einsamkeit eine erfüllte. Sie trennt nicht, sie legt nur den Abstand zwischen uns und die anderen, der allein die Fülle sowohl erträglich macht als auch ihr Versiegen verhindert. Dabei geht der Blick weg von den Einzelnen, hin zu etwas, was hinter ihnen sie alle verbindet und eint. Erst dadurch erneuert sich, was den Dienst an den Einzelnen und das Geben und Nehmen zwischen den vielen und uns aufrechterhält, vertieft und voranbringt.

Doch auch zwischen uns und dem, was hinter allem wirkt, ermöglicht erst der Abstand und die innehaltende Andacht das Nehmen, die Einsicht, das Handeln zur rechten Zeit und die seltsame Erfahrung, dass Leere und Fülle einander bedingen und dass die letzte Liebe sowohl nah ist und fern, verbunden und einsam.

Die Reinigung

Reinigung zielt auf ein Ergebnis, sie soll etwas bewirken. Es geht dabei aber nicht um etwas Äußeres, wie wenn wir etwas reinigen, das schmutzig wurde. Es geht hier um einen inneren Prozess, so wie das Gold beim Schmelzen von Schlacken gereinigt und so geläutert wird. Dieser Prozess lässt nichts aus, er erfasst die ganze Sache, bis sie in ihrem eigentlichen Glanz erstrahlt.

Auf den Menschen übertragen soll die Reinigung das Herz läutern und Seele und Geist. Das Herz, damit es sich lauter und einfältig einer Sache zuwendet, die es in der Fülle der Möglichkeiten als einzigartig und wesentlich erfasst. Daher ist die Läuterung des Herzens mit Sammlung verbunden. Das Herz versammelt in sich das Wesentliche und lässt alles, was diese Sammlung zerstreut, vor seiner Tür.

Reinigung und Läuterung bedeuten also, dass sich die Herzenstüren dem Vielerlei verschließen. Zu diesen Türen gehören einmal die Sinne. Deswegen spricht die Mystik in diesem Zusammenhang von der Reinigung der Sinne oder von der Nacht der Sinne.

Wie vollzieht sich diese Läuterung? Einmal, indem sich die Sinne vor dem Zerstreuenden zurückziehen, es gleichsam draußen lassen. Das wäre der einfachere und auch der gefährlichere Weg, weil er, wenn übertrieben, uns auch verarmt.

Der andere und eigentliche Weg öffnet die Sinne. Doch so, dass sie nicht am Einzelnen und Vielen haften bleiben, sondern über es hinaus auf etwas Größeres zielen und in ihm, jenseits des Sinnlichen, zur Ruhe kommen. Dadurch vereinfacht sich das Viele zu einem einzigen Wesentlichen, das, weil es das Viele aus sich entlässt, selber leer und einfach bleibt. Doch es ist die

Wurzel des Vielen. Das Viele bleibt in ihm verdichtet. Deswegen fühlt sich diese Leere wie Fülle an, »wie ruhige Kraft auf Nächstes hin, die unten bleibt und nahe dem, was trägt«.

Die Reinigung läutert aber vor allem die Seele und den Geist. Ähnlich wie das Herz lassen auch die Seele und der Geist das Viele und Vielfältige vor der Tür, bis sie einfältig werden in dem Sinne, dass sie, indem sie innehalten, offen werden für etwas, das aus dem Verborgenen ans Licht drängt, etwas Wesentliches, das Kraft hat.

Darüber hinaus muss der Geist Abschied nehmen von dem, was ihm vielleicht das Höchste ist: vom Gewissen, von der Unterscheidung zwischen Gut und Böse, und von den Religionen, die auf dieser Unterscheidung aufbauen.

Daher steht am Ende dieser Reinigung die Einsicht, dass wir jedem Menschen gleich sind, ja vielleicht sogar, dass wir jedem Lebewesen gleich sind. Hier verglüht jede Überheblichkeit.

Das bedeutet in der Praxis, dass wir jeden Menschen, über den wir uns erhoben haben, so voll in unser Herz und in unsere Seele nehmen, bis wir diese Gleichheit spüren. Und dass wir jeden, dem wir einmal böse waren, so in das Herz und in die Seele nehmen, bis er uns gleich geworden ist und wir ihm.

Erst wenn diese Gleichheit erreicht ist, tragen uns die Bewegungen der Seele dorthin, wo unser Platz ist und unsere Berufung. Getragen von diesen Bewegungen der Seele gewinnen wir die Einsicht und haben die Kraft, die aus dem Bewusstsein der Gleichheit allem gütig begegnet.

Der Ernst

Beim Ernst hört die seichte Hoffnung auf und die Beschwörung und die Beschwichtigung. Der Ernst ist daher sowohl überwältigt als auch gefasst. Überwältigt von der Wucht der Wirklichkeit, zum Beispiel einer tödlichen Krankheit, eines endgültigen Verlusts, der Unausweichlichkeit der Schuld, der Ohnmacht gegenüber Gewalt und gegenüber dem Ende unseres Verstehens. Dennoch ist dieser Ernst auch gefasst im Verzicht auf die Frage: warum oder zu was, rein der nackten Wirklichkeit ins Auge blickend und sie, wenn auch bebend, bestehend.

Die Sicherheit

Mit den Bewegungen der Seele, die sich beim Familien-Stellen zeigen, gehen manche um wie ein Kind, das zum ersten Mal das Meer erblickt. Staunend steht es vor der Weite und es ahnt die Tiefe. Doch dann nimmt es seinen kleinen Eimer, schöpft von dem Wasser, kommt zurück und sagt: »Schaut, das ist es.«

Andere aber wagen sich auf das weite Meer hinaus, überlassen sich dem Wind, dem Sturm, der Stille, treiben unbekannten Fernen zu und kommen verwandelt zurück. Wenn sie aber den Zurückgebliebenen etwas davon erzählen, sagen die vielleicht mit Angst: »Das gibt es nicht.«

Sinnsprüche: *Torheit*

Manche schütten eine Kanne Wasser auf einen Tropfen Wein.

Ein Kind, das an seine Eltern Ansprüche stellt, verliert sie.

Bedauern vertuscht, Sich-Brüsten schwächt.

Manche haben ohne Not ein Brett vor dem Kopf.

Zur Tragödie gehört die Blindheit.

Vorgekautes schmeckt uns nicht.

Ein Konstruktivist, der sich auf einem Berg verlor,
sagte einem Rettungstrupp, als der ihn fand:
»Ich danke euch, dass ihr mich erfunden habt.«

Wer an der Sonne zweifelt, lässt seine Fensterläden zu.

Eine Festung zieht Feinde an.

Furcht blendet.

Wer auf seine Eltern böse ist, ist nicht zu retten.

Kritiker glauben mehr.

Gläubige können nicht unterscheiden.

Wer Recht behält, dem geht es schlecht.

Manche treiben andere mit Mutmachen in den Tod.

Wenn das Recht durchgesetzt wird, ist die Liebe oft dahin.

Jedem geschieht seine Meinung recht.

Perfekt ist klein.

Beharren ist bequem.

Der Blitz trifft den, der die Hand hochhält.

Es gibt keine Wahrheit, sagen sie, und sagen es so,
als wäre es eine.

Wer auf Besseres wartet, verspielt seine Freiheit.

Wer andere herabsetzt, gibt sich preis.

Der Glaube an Gott

Wenn mich jemand fragt: »Glaubst du an Gott?«, fragt er mich im Grunde: »Glaubst du an meinen Gott?« Und wenn ich Ja sage, triumphiert er innerlich über mich, als sei er meiner habhaft geworden, so wie er, meint er vielleicht, seines Gottes habhaft wurde. Wenn mich einer in dieser Absicht fragt und wenn ich mich von ihm verführen lasse, Ja zu sagen, hat er mir etwas von meiner Würde genommen und von meiner Größe, so wie er Gott durch seinen Glauben an ihn etwas von seiner Würde und Größe genommen hat. Denn wer an einen Gott glaubt, der glaubt an ein Bild von Gott, das er sich von ihm gemacht hat. Oder er glaubt an ein Bild von Gott, das sich ein anderer von ihm gemacht hat, einer, der andere dann zu seinem Glauben bekehrt hat und dadurch ihrer habhaft wurde, so wie der Fragende mit seiner Frage meiner habhaft werden wollte.

Und was geschieht, wenn meine Antwort lautet: »Nein«? Dann fühlt er sich, wenn er wirklich ein Gläubiger ist, vielleicht gekränkt und zum Widerspruch oder gar zum Angriff herausgefordert, als hätte ich ihm etwas weggenommen, das er wie einen Teil von sich betrachtete, etwas, das er in Besitz genommen hatte und das er jetzt als etwas, das zu ihm gehört, gefährdet sieht. Dann verteidigt er seinen Glauben an Gott wie etwas Eigenes, was zeigt, wie sehr er seine Hand auf Gott gelegt, sich an ihm aufgerichtet und über seine eigenen Grenzen hinaus durch ihn sich überhöht hat.

Ich habe es hier beim Vordergründigen belassen. Mehr dazu zu sagen, steht mir nicht zu.

Das Gotteslob

Großer Gott, wir loben dich«, so singen die Gläubigen und sammeln so ihre Seele und ihr Herz auf ein Gegenüber, schauen ihm gleichsam ins Antlitz, fühlen sich als seine Geschöpfe, anerkennen seine Macht und neigen sich vor ihm.

Doch geben sie ihm damit wirklich die Ehre? Ziehen sie ihn dadurch nicht zu sich selbst herab, machen ihn sich ähnlich, fast wie einen ihresgleichen? Denn die Gleichen, die ihn loben, beschweren sich vielleicht auch bei ihm, wenn, wie sie meinen, unverdientes Leid sie trifft, als hätte er ihnen vielleicht unrecht getan. Oder auch, wenn sie sich schuldig fühlen, fürchten sie, er würde sie bestrafen, sie züchtigen wie ungehorsame Kinder, und sie müssten ihn dann besänftigen und wieder milde stimmen, vielleicht durch neues Lob. Ist es vielleicht nicht schon Anmaßung, diesem uns in jeder Hinsicht verborgenen Geheimnis einen Namen zu geben? Ihm Eigenschaften zuzuschreiben wie: groß, gut, gerecht?

Wenn wir dies unbefangen bedenken, verstummt vielleicht das Lob, die Anbiederung, das Hochgefühl der Auserwählung und mit ihm auch der Anspruch oder der Vorwurf und der Versuch, durch Opfer diesen Gott zu versöhnen.

Was bleibt, ist Schweigen, gesammeltes Sich-Fügen in das Gegebene, sei es nun Glück oder Leid, Gelingen oder Versagen, Aufgang oder Ende. Und es bleibt der Einklang mit der gesamten Welt, das Mitgefühl und Einverständnis mit der gesamten Kreatur, auch zu der Auseinandersetzung, dem Sich-Wehren und dem Gebrauch, den sie um der Erhaltung und Entwicklung willen vom Einzelnen verlangt.

Die Andacht

Andacht ist gesammelt, weniger nach innen als nach außen. Sie ist Sammlung auf etwas hin, vor dem sie innehält. Sie vereint in sich sowohl innigste Hinwendung wie auch ehrfürchtigen Abstand. Sie ist Hingabe ohne Bewegung, Innigkeit, die an sich hält, Warten ohne Wollen, Dasein im Angesicht von etwas, das uns sowohl angeht als auch sich uns entzieht.

Wir können andächtig sein mit jedem unserer Sinne. Wir können andächtig schauen und staunen, andächtig lauschen und hören, andächtig etwas betasten, greifen und fühlen. Wir können andächtig schmecken, indem wir seiner Herkunft inne werden. Wir können andächtig riechen, zum Beispiel den Duft einer Rose. Wir können andächtig schreiten, andächtig beten, andächtig singen, andächtig spielen. Und wir können andächtig stille sein, uns mit allen Sinnen auf etwas jenseits unserer Sinne hinbewegen und dennoch unbewegt gesammelt hingegeben bleiben.

Das wäre die Andacht vor dem Geheimnis jenseits von allem, was sich offenbart und zeigt. Diese Andacht ist Gebet, doch ohne Worte, ohne Bitte, reines gesammeltes Dasein vor etwas, das verborgen und unbegreiflich bleibt und dennoch gegenwärtig wirkt.

Diese Andacht kann geübt und so erreicht und gewonnen werden. In der Mystik nennt man diese Andacht erworbene Beschauung oder erworbene Kontemplation. Doch manchmal erfahren wir vielleicht, dass uns die Sammlung gleichsam von außen überfällt, uns von außen aufgedrängt und aufgezwungen wird, dass wir unwiderstehlich in sie hineingezogen werden. Wir erfahren sie sowohl als Geschenk als auch In-den-Dienst-genommen-Sein. Diese Sammlung zieht uns nach innen oder, vielleicht genauer, sie zieht uns über das Innere zu etwas, das über das Innere hinausreicht, zu etwas Tieferem, dem wir sowohl ausgeliefert als auch willig hingegeben sind. Sie führt zu der wohl intensivsten Andacht. In der Mystik heißt sie eingegossene Beschauung oder eingegossene Kontemplation. Sie ist sprachlos und bilderlos. Doch sie ist vorübergehend. Sie ist kein Ziel, sondern ist Auftrag. Aus ihr ergeben sich sowohl Einsicht als auch Weisung. Sie führt zu Handeln, das aus dieser Andacht seine besondere Kraft und Wirkung schöpft und so vielen anderen dient.

Sinnsprüche: *Das Religiöse*

Der religiöse Vollzug ist identisch mit dem Vollzug des Lebens,
wie es ist.

Am Anfang des spirituellen Weges steht oft
die Missachtung eines Menschen.

Stille zieht an.

Das Engeldasein hält man nicht lange aus.

Von den Göttern hält man sich am besten fern,
von den Vergötterten auch.

Oft geht das Gefürchtete segnend vorbei.

Ordnungen sind vorgegeben, Regeln sind gemacht.

In allem, was wir tun und wollen, wirkt ein wissendes Gesetz.
Man hört es nicht, es wird geschaut.

Kirche: Wenn ein Schiff auf Grund gelaufen ist,
kann es nicht sinken.

Vielleicht ist vieles Spirituelle nur die Sehnsucht
nach der Mutter.

Heilig heißt reduziert.

Wahrnehmen heißt, dass sich alle Sinne sammeln
in einer bilderlosen Schau.

Das Göttliche braucht sich nicht abzugrenzen.

Religiös sein heißt: ganz bei sich sein und sich zugleich
in ein Unendliches verlieren.

Das Warten

Das Warten ist auf die Zukunft gerichtet und ist ein Erwarten, sei es nun Gutes oder Schlimmes. Daher ist das Warten sowohl freudig als auch ängstlich oder furchtsam und, wenn wir gereift sind, ist es gelassen. Warten ist also manchmal unruhig oder zerstreut oder aufgeregt, manchmal ist es dumpf oder quälend oder endlos, und manchmal ist es gesammelt, gefasst und bereit.

Das Warten kann uns vorbereiten auf das, was kommt, vor allem das gesammelte Warten. Es macht uns bereit für das, was waches Handeln und Kraft braucht.

Warten kann aber auch Ersatz werden für Handeln, wenn wir in Erwartung eines zukünftigen Glücks das nächstliegende Mögliche oder Nötige versäumen. Denn wer zur rechten Zeit nicht sät, kann auch nicht ernten, und wer kein Fundament errichtet, baut später auch kein Haus. Dieses Warten ist aussichtslos.

Warten kann lähmen, vor allem die Furcht, es könnte etwas passieren. Manche fürchten, sie könnten eine Krankheit bekommen, zum Beispiel Krebs. Sie warten dann gleichsam auf die Krankheit und, wenn sie kommt, sind sie erleichtert. In diesem Fall könnten wir auch, statt dass wir etwas mögliches Zukünftiges fürchten, ihm jetzt schon innerlich zustimmen, wenn es wirklich später eintreten sollte. Auch das erleichtert. Wir nehmen dann sozusagen die Erleichterung vorweg, ohne dass etwas passiert, und sind dann wieder frei für das Gegenwärtige.

Kranke oder unglückliche Menschen warten darauf, dass die Krankheit oder das Unglück vergehen. Sie sehnen das Ende der Krankheit oder des Leidens herbei. Auch das kann lähmen, wenn sie das Ende ersehnen, ohne auch den Weg dorthin Schritt für Schritt zu gehen. Erst auf dem Weg zu diesem Ziel können eine Krankheit oder ein Leid ihre heilende und ihre für die Seele notwendige reinigende oder korrigierende oder vertiefende Wirkung entfalten.

Alte Menschen warten manchmal nur noch auf den Tod. Das kann ein dumpfes Warten sein, weil zu mehr die Kräfte nicht reichen. Dieses Warten ist dann schon der Anfang des Sterbens. Es kann aber auch, wenn die geistigen Kräfte es noch erlauben, der Vorbereitung dienen, dem Zu-Ende-Bringen von dem, was noch offen und unvollendet ist, ein letztes Sammeln und In-Ordnung-Bringen. Dieses Warten geht über in eine letzte Hingabe an das Unbekannte, das uns nach dem Leben erwartet.

Sinnsprüche: *Klugheit*

Weißt du, wie man mit Träumen umgeht? Man wacht auf.

Grundsätzliche Aussagen mache ich grundsätzlich nicht.

Statt einem anderen ans Bein zu pinkeln,
kann man auch wachsen.

Feiglinge leben länger.

Eine Antwort muss man sich durch Achtung verdienen.

Was man betont, wird nicht geglaubt.

Wenn es hilft, lasse ich mir gerne widersprechen.

Die Gegenwart

Gegenwärtig nennen wir eine Zeit, die wir überblicken, in der wir uns sicher bewegen können, weil das Woher und das Wohin fassbar, im Erleben fühlbar und in seinem Verlauf für uns steuerbar erscheint. Sie kann sowohl flüchtig sein wie bleibend.

Ein Ziel ist auf dem Weg zu ihm immer gegenwärtig. So ist es auch mit einem Auftrag oder einer Berufung. Selbst wenn das Ziel erreicht ist, bleibt es gegenwärtig als Erfüllung.

Gegenwärtig ist uns daher auch, was wir erlernt, geübt und lange praktisch angewendet haben. Daher sind Können, Wissen und Erfahrung gegenwärtig und stehen uns zur Seite, wenn wir auf sie angewiesen sind.

Auch Wahrheit wird uns gegenwärtig, wenn sie sich aufdrängt und uns zur Anerkennung und zum Handeln zwingt.

Unsere Eltern sind uns immer gegenwärtig, ob sie noch leben oder längst gestorben sind. Sie sind schon deshalb gegenwärtig, weil sie in uns weiterleben und uns so ein Leben lang begleiten.

Vor allem aber ist uns die Liebe gegenwärtig, dann, wenn wir den geliebten Menschen wesenhaft als Du erfahren, er bleibend auf uns und wir auf ihn bezogen sind, als Erfüllung und Verpflichtung für das ganze Leben.

Es gibt also neben der flüchtigen Gegenwart auch eine bleibende, je nachdem, wie tief sie uns berührt und für ein Leben lang in Anspruch nimmt. Kinder sind eine solche Gegenwart für ihre Eltern, und Mann und Frau sind es, wenn sie sich das Jawort geben. Selbst wenn sie sich trennen sollten, bleiben sie einander auch nachher gegenwärtig.

Auch ist der Tod uns immer gegenwärtig. Selbst wenn wir

ihn verdrängen oder gar verleugnen, zeigt die Kraft, die uns das kostet, wie nah und gegenwärtig er uns allzeit bleibt.

Auch das Göttliche, so fern und unzugänglich es uns bleibt, ist in der Ahnung immer gegenwärtig, vor allem dann, wenn wir an unsere Grenzen kommen.

Auch ein Glaube oder eine Überzeugung sind uns gegenwärtig. Selbst wenn wir sie vielleicht nach einiger Zeit als unzulänglich oder als verkehrt durchschauen, bleiben sie als Überwundenes doch Teil des Lebens und so, wie auch die anderen Erinnerungen, gegenwärtig.

Auf diese Weise bleiben auch Natur und Heimat, unsere Muttersprache und die Kultur, in der wir aufgewachsen sind, uns gegenwärtig, solange wir leben.

Was bedeutet also Gegenwart für uns? In ihr verdichten sich Vergangenes und Kommendes zu unserem Leben. Gegenwart, das ist unser Leben.

Die Krankheit

Die Gesundheit können wir vergleichen mit dem guten Gewissen und mit dem Gefühl der Unschuld. Unschuldig fühlen wir uns, wenn unserer Zugehörigkeit kein Hindernis entgegensteht und wir mit allen verbunden sind, denen wir zugehören wollen. Wir fühlen uns dann mit ihnen im Einklang und gut. So ist es auch mit der Gesundheit. Wir fühlen uns gesund, wenn alles im Einklang bleibt und dem Ganzen dient.

In ähnlicher Weise können wir die Krankheit mit dem schlechten Gewissen vergleichen und mit dem, was es bewirken will. Denn das schlechte Gewissen haben wir, wenn wir nicht mehr mit denen im Einklang sind, die für uns bedeutsam sind, wenn wir also in Gefahr sind, dass wir ihnen verloren gehen und sie uns, wenn wir so von ihnen abgeschnitten sind, nicht mehr halten können, und wir nicht sie.

Doch so wie uns das schlechte Gewissen, weil wir darunter leiden, dazu bringen will, dass wir uns so verhalten, dass wir wieder dazugehören dürfen, so zwingt uns die Krankheit, auf die Gesundheit Rücksicht zu nehmen und sie wiederherzustellen. So wie das schlechte Gewissen daher nicht schlecht ist, sondern sich nur schlecht anfühlt, obwohl es, wie das gute Gewissen, im Dienst unserer Zugehörigkeit steht, so will uns auch die Krankheit wieder zur Gesundheit führen. Sie kann dieses Ziel aber nur erreichen, wenn wir unter ihr auch leiden.

Manchmal jedoch ist eine Trennung unausweichlich. Wir wachsen, wenn wir Abschied nehmen. Wir werden vollkommen und vollendet, wenn etwas ans Ziel kommt, dort eine Zeit lang bleibt und dann auch endet. Die schwere Krankheit, die zum Tode führt, vollendet uns auf diese Weise. Dann geben wir ihr Raum, bis sie uns ganz erfüllt, und schauen über sie hinaus.

Wir sehen zwar nicht, was danach kommt, aber wir gehen ihm entgegen, lösen uns in das, was uns, von uns erahnt, erwartet.

Die schwere Krankheit macht uns auch bewusst, wie sehr wir von anderen abhängig sind, von ihrer Pflege und Fürsorge. Wir sind von ihnen abhängig, ohne dass wir es ihnen vergelten können, auch wenn wir das möchten. Wir können und dürfen es aber dankbar von ihnen nehmen, wenn wir selbst andere gepflegt haben und für andere da gewesen sind. Das gilt in erster Linie für die Eltern gegenüber ihren Kindern, aber auch für alle anderen, die weitergegeben haben, was sie von ihren Eltern empfingen. Dennoch ist diese letzte Hilflosigkeit wie eine Rückkehr in die ursprüngliche Abhängigkeit. Wir können sie leichter ertragen, wenn wir uns über die uns helfenden Menschen hinaus in einen größeren Zusammenhang fügen und uns den Kräften überlassen, die sowohl uns lenken und tragen, als auch jene, die uns pflegen. So führt uns die letzte Krankheit zur Andacht und Demut und bereitet uns vor, vertrauensvoll auch dem Tod ins Auge zu blicken – und seinem Herrn, der über ihn verfügt.

Beispiel: Ein Mann hat sich mit Aids infiziert*

HELLINGER *zu Arturo* Was ist bei dir?
ARTURO Ich bin homosexuell und HIV-positiv.
HELLINGER Wie lange bist du schon infiziert?
ARTURO Vor zweieinhalb Jahren habe ich es durch einen Test erfahren. Der Mann, der mich angesteckt hat, hatte mir nicht gesagt, dass er HIV-positiv war. Er ist gestorben, und erst danach habe ich es durch Zufall erfahren.
HELLINGER Wir stellen jetzt zwei Personen auf, dich und diesen Mann. Dann kannst du sehen, welche Bewegung dich vielleicht mit deiner Krankheit versöhnt.

Bild 1

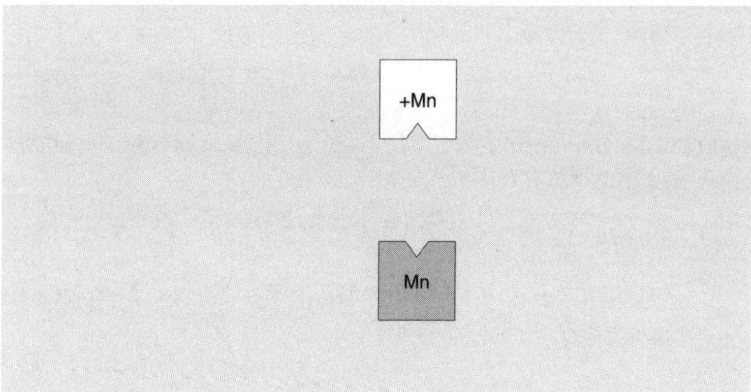

Mn **Mann (= Arturo)**
+Mn Mann, an Aids gestorben

*Beispiel aus einem Kurs in Mexiko

Die beiden Männer schauen sich lange an. Dann wählt Hellinger eine Frau, die die Krankheit Aids vertritt, und stellt sie dazu.

Bild 2

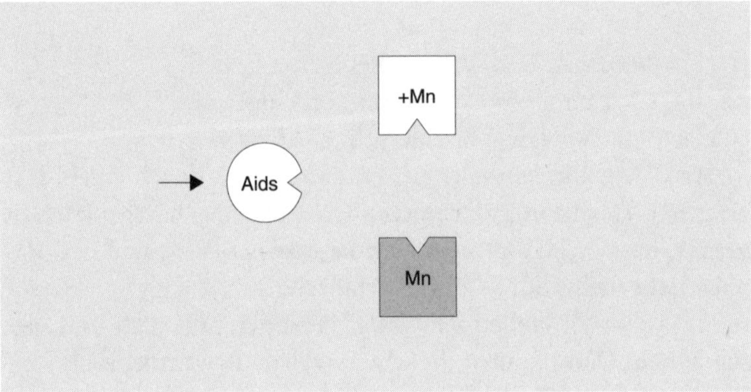

Aids Frau, die die Krankheit Aids vertritt

Die beiden Männer schauen sich weiterhin lange an. Der andere Mann wird manchmal etwas unruhig, wiegt den Kopf nach rechts und links und spielt mit seinen Fingern.

HELLINGER *nach etwa fünf Minuten zum Stellvertreter von Arturo* Sag ihm: »Ich habe darauf gewartet«.
STELLVERTRETER VON ARTURO Ich habe darauf gewartet.

Wieder schauen sich die beiden Männer lange an. Der andere Mann seufzt tief.

HELLINGER *zum Stellvertreter von Arturo* Wie ist das, wenn du das sagst?
STELLVERTRETER VON ARTURO Ich fühle mich durcheinander.
HELLINGER Fühlst du dich besser oder schlechter, wenn du das sagst?

STELLVERTRETER VON ARTURO Besser.
HELLINGER *zur Gruppe* Durch diesen Satz wird er aus der Rolle des Opfers herausgenommen.

Die beiden Männer schauen sich wieder unentwegt an.

HELLINGER *nach einer Weile* Jetzt schaut mal beide hinüber zur Krankheit.
nach einer Weile zum Stellvertreter von Arturo Geh mit deiner Bewegung.

Der Stellvertreter von Arturo stellt sich näher zur Krankheit.

Bild 3

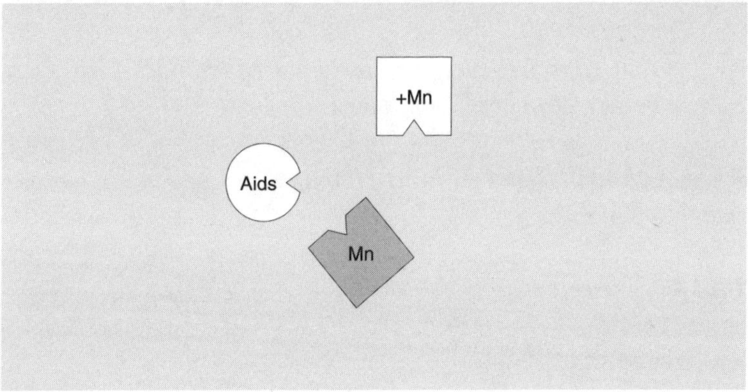

HELLINGER *zum Stellvertreter von Arturo* Du musst die Krankheit anschauen.
als er den Blick wieder von ihr wegwendet Du musst sie anschauen.

Der Stellvertreter von Arturo geht einen kleinen Schritt näher zur Krankheit und schaut sie jetzt fest an. Dann geht er noch einen Schritt näher.

HELLINGER *als er den Blick wieder von ihr wegwendet* Du musst sie anschauen.

Nach einer Weile will der Stellvertreter von Arturo die Krankheit umarmen, merkt aber, dass das nicht geht, und tritt wieder zurück.

HELLINGER Verneige dich vor der Krankheit.

Der Stellvertreter von Arturo neigt seinen Kopf und atmet tief.

HELLINGER Geh mit der Bewegung.

Der Stellvertreter von Arturo geht in die Knie und setzt sich auf seine Fersen. Ganz langsam neigt er den Kopf immer tiefer.

HELLINGER *zum Stellvertreter des anderen Mannes* Geh auch du mit deiner Bewegung, wie sie ist.

Als er sich nicht bewegt, führt Hellinger ihn neben die Krankheit.

Bild 4

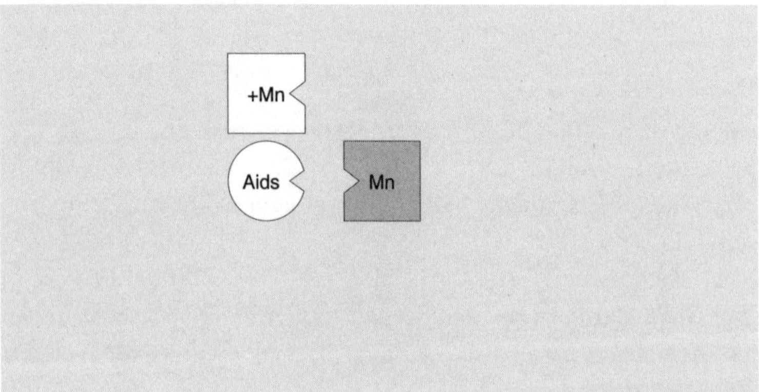

Der andere Mann schaut hinunter zum Stellvertreter von Arturo. Dann lässt Hellinger ihn die Hand der Krankheit fassen.

HELLINGER *nach einer Weile zum Stellvertreter von Arturo* Schau die beiden an und sag ihnen: »Ich nehme es«.
STELLVERTRETER VON ARTURO Ich nehme es.
HELLINGER »Wie ich es bekommen habe.«
STELLVERTRETER VON ARTURO Wie ich es bekommen habe.
HELLINGER *nach einer Weile* Jetzt steh auf.

Hellinger führt ihn etwas näher zu den beiden anderen. Dann umarmt er sie und sie umarmen ihn innig und lange.

Bild 5

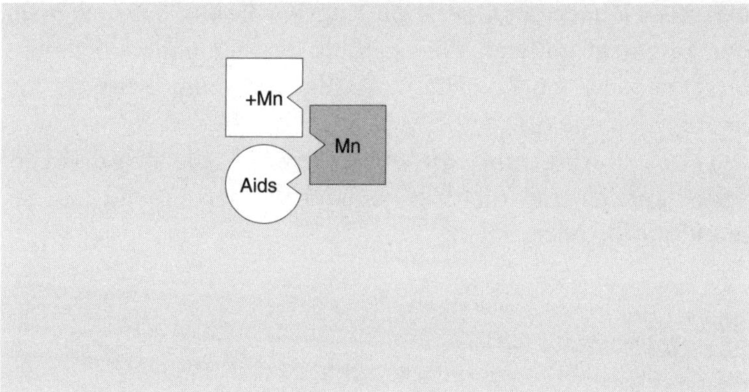

HELLINGER *als sie sich lösen, zum Stellvertreter von Arturo* Wie geht es dir jetzt?
STELLVERTRETER VON ARTURO Viel besser.
HELLINGER *zum anderen Mann* Und dir?
ANDERER MANN Besser.
HELLINGER *zu Aids* Und dir?
AIDS Besser.
HELLINGER *zu den Stellvertretern* Okay, ich danke euch.

Arturo war sehr betroffen.

Beispiel: Ein Mann hat einem Freund eine Niere gespendet*

HELLINGER *zur Gruppe* Gestern Abend hat mich ein Mann angesprochen, der ein Problem hat, das ihn sehr belastet. Daher möchte ich mit ihm zuerst arbeiten.
zu James Sage uns kurz, um was es dir geht.
JAMES *sehr bewegt* Ich habe einem Freund eine Niere gespendet. Als ich nach der Operation aufgewacht bin, habe ich mich wie in einem anderen Film gefühlt. Seither habe ich Panikattacken und schreckliche Vorstellungen, zum Beispiel von Mord. *Er schluchzt.*
HELLINGER Ich glaube, wir wissen genug. Stelle jetzt drei Personen auf: jemand für dich, jemand für den Freund und jemand für die Niere.

*Beispiel aus einem Kurs in San Francisco

Bild 1

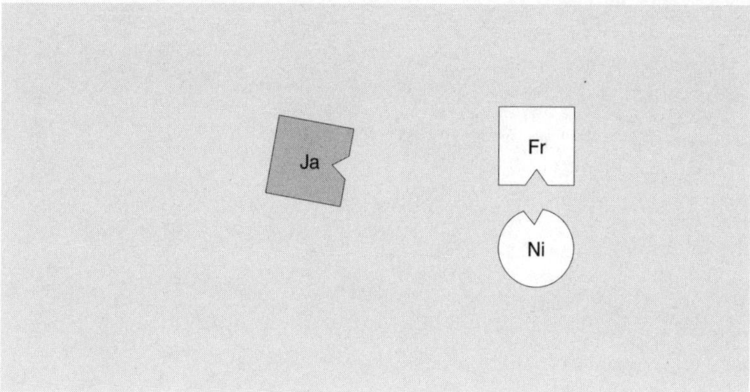

Ja	**James**
Fr	Freund, dem er die Niere gespendet hat
Ni	Niere

Der Freund neigt den Kopf, auch die Niere neigt den Kopf, bis sich beide an der Stirne berühren.

HELLINGER *zu James* Ich habe gerade erfahren, dass deinem Freund schon vorher jemand eine Niere gespendet hat.
JAMES Ja, dies war die zweite Transplantation.
HELLINGER Jetzt brauchen wir auch die erste Niere und ihren Spender.

Während James die neuen Stellvertreter aussucht und aufstellt, legt seine Niere ihren Kopf auf die Schulter des Freundes, wahrt aber mit den Füßen den Abstand. Der Freund macht eine Bewegung, als wolle er die Niere umarmen, aber er hält in der Bewegung inne. Die Niere lässt ihre Arme kraftlos sinken.

Bild 2

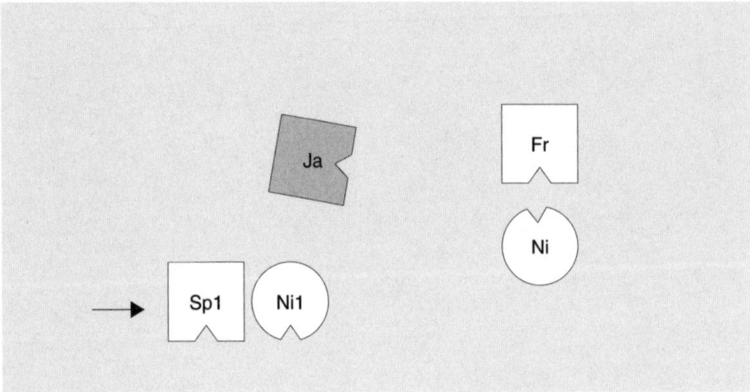

Sp1 Spender der ersten Niere
Ni1 Erste Niere

HELLINGER *zu James* Jetzt werde ich die Lösung aufstellen.

Hellinger führt die Niere von James zu seinem Stellvertreter. Dieser legt sofort den Arm um sie. Auch sie legt den Arm um ihn. Dann stellt Hellinger einen Stellvertreter für den Tod dem Freund gegenüber.

Bild 3

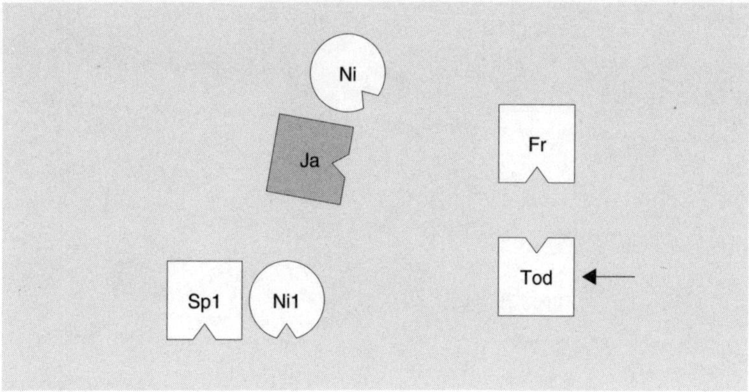

Tod Der Tod

Der Tod lächelt und legt die rechte Hand auf sein Herz.

HELLINGER *nach einer Weile zu James* Für deinen Freund wäre das die notwendige und gemäße Bewegung gewesen:

Hellinger führt den Freund vor den Tod. Der Freund legt den Kopf an die Brust des Todes, und dieser legt den Arm um ihn. In dieser Haltung verbleiben sie bis zum Ende der Aufstellung.

Bild 4

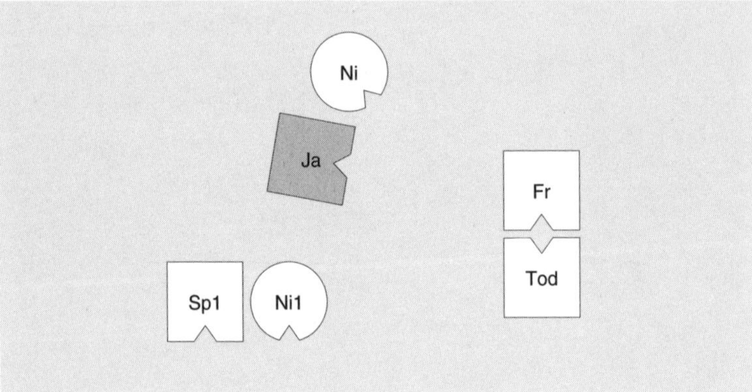

HELLINGER *zu James* Du hast in die Bewegung deines Freundes zum Tod eingegriffen.
nach einer Weile zum Stellvertreter von James Wie geht es dir jetzt?
STELLVERTRETER VON JAMES Ich fühle mich jetzt mehr im Frieden. Als ich aufgestellt wurde, hat mir meine linke Seite wehgetan. Jetzt ist es besser.
HELLINGER Schau die Niere an und sag ihr: »Ich habe dir unrecht getan«.
STELLVERTRETER VON JAMES Ich habe dir unrecht getan.
HELLINGER »Du gehörst zu mir.«
STELLVERTRETER VON JAMES Du gehörst zu mir.
HELLINGER »Jetzt tut es mir Leid.«
STELLVERTRETER VON JAMES Jetzt tut es mir Leid.
HELLINGER »Doch ich ehre dich als einen Teil von mir.«
STELLVERTRETER VON JAMES Doch ich ehre dich als einen Teil von mir.
HELLINGER »Und jetzt nehme ich dich zurück in mein Herz.«
STELLVERTRETER VON JAMES Und jetzt nehme ich dich zurück in mein Herz.

Der Stellvertreter von James und die Niere lächeln sich an.

HELLINGER Wie geht es der Niere jetzt?
NIERE Viel besser. Ich möchte richtig in ihm sein, ich kann ihm nicht nahe genug sein.

Der Stellvertreter von James lacht laut. Er und die Niere umarmen sich innig.

HELLINGER *zu James* Wenn du auf den ersten Spender und seine Niere schaust, siehst du, dass sie zu ihrem Spender zurückgekehrt ist. Auch deine Niere muss zu dir zurück.

James nickt.

HELLINGER dein Freund muss sich seinem Schicksal stellen. Niemand darf da von außen eingreifen. Wenn man jemand eine Niere spendet, nimmt man ihm damit etwas weg: seine Würde und die Würde seines Schicksals. So etwas darf man nicht. Allerdings hast du es aus Liebe getan. Das ehrt dich. Jetzt kannst du das wieder gutmachen, wenn du der weggegebenen Niere einen Platz in deinem Herzen gibst. Dann finden du und sie wieder Ruhe und Frieden. Ist es dir klar?
JAMES Es ist mir völlig klar. Sobald mein Freund hin zum Tod ging und meine Niere zu mir zurückkam, war es für mich gut.
Zwischen dir und der Niere gibt es jetzt wieder eine Seelenverbindung. Das lässt sie und dich den Verlust verschmerzen. Okay?
JAMES Ja.

*

HELLINGER *zur Gruppe*
James war, als er seine Situation geschildert hat, in jenem leeren Raum, in dem es keine Absichten gibt. Er war jenseits davon. Deswegen konnten sich die Bewegungen der Seele bei den Stellvertretern so klar zeigen. Die wichtigste kam ans Licht, als

er die erste Niere neben ihren Spender gestellt hat. Daraus ergab sich auch die Lösung für ihn. Auch seine Niere musste zu ihm zurück. Und es wurde auch klar, was die Seele seines Freundes wollte: Sie wollte zum Tod.

Ich möchte in diesem Zusammenhang etwas über die Liebe sagen und über

Das Gewissen und die Bewegungen der Seele

Liebe gelingt, wenn sie sich höheren Gesetzen und einer höheren Ordnung fügt. Alle Tragödien entstehen an dem Punkt, wo jemand meint, er könne mit seiner Liebe diese Gesetze und Ordnungen überlisten und außer Kraft setzen. Auch die Familientragödien gründen in dieser Anmaßung. Zum Beispiel, wenn ein Kind meint, es könne seine Eltern retten, indem es deren Leid auf sich nimmt oder deren Schuld sühnt. Es überhebt sich dadurch über seine Eltern und nimmt ihnen ihre Würde. Zwar handelt es aus Liebe und fühlt sich im Einklang mit seinem Gewissen und daher unschuldig. Dennoch handelt es gegen eine höhere Ordnung und muss scheitern.

Das Gewissen verführt uns durch das Gefühl der Unschuld, dass wir die ihm gesetzten Grenzen überschreiten, und führt daher, gerade weil wir ihm vertrauen, zu so viel Unglück und Leid. Daher erkennen wir die höheren Gesetze erst, wenn wir uns dem Einfluss des Gewissens so weit entziehen können, dass uns eine Bewegung der Seele ergreift, die mit den höheren Gesetzen und der höheren Ordnung im Einklang bleibt.

zu James Was wir in der Aufstellung mit dir gesehen haben, war eine Bewegung der Seele, die über die Grenzen des Gewissens hinausging und auf einer höheren Ebene eine Lösung fand, die alle mit allen versöhnt.

Die Wahrheit

Die Wahrheit ändert sich. Was wir vor Jahren für wahr und gültig erachtet haben, erweist sich später als unvollständig und überholt. In diesem Sinne ist die Wahrheit wandelbar.

Die Frage ist: Wieso eigentlich und wann? Wenn wir sie in unser Inneres verlegen, als könnten wir sie haben. Diese Wahrheit ist wandelbar, weil sich die Wirklichkeit als stärker erweist, also als etwas, was nicht in unsere Hand gelegt ist oder in unseren Willen und unser Sehnen. Vielmehr erweist sie sich als etwas, das sich als unerbittliches Gegenüber durch seine Wirkung zur Geltung bringt und uns zur Anerkennung und zur Unterwerfung zwingt.

Diese Wahrheit ist uns vorgegeben und offenbart sich uns nur teilweise und in dem Maße, in dem wir mit dem, was uns als Wirklichkeit entgegentritt, achtsam und lernbereit umgehen und uns dieser Wirklichkeit, wo sie es fordert, unterwerfen. Daher erscheinen uns nur die gedachten Wirklichkeiten als unwandelbar und ewig. Das Wirkliche selbst gibt seinen Reichtum und seine Tiefe immer nur vorläufig und in Grenzen preis und verbirgt vor uns das Meiste und das Ganze. Daher kann auch das, was uns als widersprüchlich erscheint, im Ganzen aufgehoben und auch das Widersprüchliche jedes auf seine Weise wahr sein. Also, das, was uns logisch als widersprüchlich scheint, kann sich dennoch, an seiner Wirkung und an seiner Dauer gemessen, als Wahrheit erweisen. Allerdings nur als cin Tcil von ihr.

Vom Wesen der Wahrheit her gesehen, also von der Erfahrung her, dass uns ihre Fülle und Tiefe weitgehend verborgen bleiben, ist das Klare und Beweisbare eher an ihrer Oberfläche angesiedelt oder an ihrer Peripherie. Inwieweit und wie sehr, kann man daran ermessen, wie viel sie von uns ergreift und bewegt oder umfasst. Zum Beispiel kann Dichtung, die uns dunkel erscheint, weil wir hinter ihren Worten mehr und Tieferes erahnen, als die Worte selber sagen, uns voller und tiefer erfassen als mancher wissenschaftliche Beweis. Daher wird sie von uns auch oft als der Wahrheit näher erfahren.

Das Wesentliche

Im Wesentlichen kommt man zur Ruhe. Denn das Wesentliche erfüllt. Je mehr wir vom Wesentlichen abweichen, desto unruhiger werden wir, desto zerstreuter und desto verwirrter. Daher können wir an unserem Erleben ablesen, inwieweit wir mit dem Wesentlichen verbunden sind oder inwieweit wir uns von ihm entfernt haben.

Wenn wir am Wesentlichen sind, spüren wir, dass es vorwärts geht, dass etwas ans Ziel kommt, und zwar so, dass sich dort etwas Wesentliches entwickelt.

Das Wesentliche ist vielen und vielem gemeinsam. Daher lassen wir beim Wesentlichen das Einzelne, Enge, Begierige, Maßlose hinter uns, sind eingebunden, verfügbar, ausgreifend und zugewandt.

Das Wesentliche – anders als das Unwesentliche – dauert, und weil es ruhig und gelassen sein kann, ist es am Anfang oft unscheinbar. Aber es ist beharrend. Und es ist wohltuend und wird im Lauf der Zeit von vielen mitgetragen.

Wie kommt man zum Wesentlichen? Vor allem durch das Innehalten. Denn es zeigt sich nicht sofort, sondern erst zur rechten Zeit.

Manchmal, wenn wir vom Wesentlichen abgewichen sind, kann es lange dauern, bis wir wieder zu ihm finden. Denn das Wesentliche verlangt auch Abschied.

Das Richtige

Das Richtige ist etwas Nahes, das sowohl notwendig ist, wie auch ohne großen Aufwand möglich. Es bleibt mit seiner Umgebung im Einklang und zieht aus ihr seine Einsicht und Kraft. Daher bleibt es bescheiden, belastet nicht, tut wohl, auch wenn es plötzlich entscheidend eingreift. Denn nach der Tat zieht es sich wieder still zurück.

Obwohl es also ganz auf Nächstes ausgerichtet ist, wirkt es darüber weit hinaus, so wie die Wurzel die weit verzweigten Äste eines Baumes nährt, obwohl sie diese niemals sieht. Daher brauchen auch wir, wenn wir im Nahbereich das uns Gemäße tun, uns um das Ferne nicht zu sorgen.

Wenn wir, umgekehrt, uns um das Ferne sorgen und meinen, wir könnten es mit unserer Sorge in eine Richtung zwingen, die uns bequemer oder besser scheint, verlieren wir uns leicht in seiner Vielfalt und haben wenig Kraft.

Das Richtige geschieht zur rechten Zeit am rechten Ort und daher dort, wo Handeln möglich ist.

Das Ferne ist dem Handeln sowohl vom Ort wie von der Zeit her schwer erreichbar. Zugleich entschwindet uns, wenn wir uns um das Ferne sorgen, das nahe Mögliche und damit das, was zählt.

Die Mitte

Die Vielfalt, der wir in der Welt begegnen, gründet in der Tiefe in etwas, das ihr gemeinsam ist. Es fließt in der Tiefe zusammen zu etwas Einzigem, aus dem es seine Energie, seine Bestimmung, seine Einzigartigkeit zieht. Obwohl es daher an der Oberfläche vielfältig und oft auch einander entgegengesetzt erscheint, ist doch jedes mit jedem gleichwertig verbunden und im Letzten mit ihm eins.

Wir können daher der Vielfalt auf zweierlei Weise begegnen. Einmal, indem wir auf das Einzelne in seiner Vielfalt oder in seiner Widersprüchlichkeit und seinem Kampf miteinander um einen Platz in der Sonne schauen, um hier ein Bild für den weiterdrängenden Impuls im Seienden zu gebrauchen. Dann mag uns die Vielfalt und die Vereinzelung des Vielerlei vielleicht verwirren, so sehr, dass wir uns dann nur wenigem zuwenden und das, was uns im anderen fremd erscheint oder sogar ängstigt, ausblenden oder verneinen.

Wir können uns aber auch dem Ganzen in seiner Vielfalt so aussetzen, dass wir ihm gleichsam von innen, von seiner Mitte her, inne werden. Das setzt voraus, dass wir ihm von unserer eigenen Mitte her begegnen, so dass wir sowohl in uns gesammelt als auch dem Vielen in seiner Vielfalt nach außen zugewandt bleiben und es so sowohl von innen wie von außen als zusammengehörig erfassen.

Die Liebe

Die Liebe verbindet auf zweierlei Weise: im Guten, wenn sie ihr Ziel erreicht, und im Schlimmen, wenn ihr das Erreichen ihres Zieles verwehrt wird. Im letzteren Fall schlägt sie um in Hass. Doch verbindet der Hass über die Trennung hinweg nicht weniger als jene Liebe, die ihr Ziel ohne Trennung erreicht, ja der Hass verbindet uns mit einem Gegenüber oft sogar dauerhafter und mit größerem Einsatz und mit gesteigerter Kraft. Wenn sich aber die Liebenden nach der Trennung und nach dem Leid, das sie erlitten und verursacht haben, wiederfinden, ist ihre Liebe reiner, behutsamer und rücksichtsvoller als vorher. Sie sind sich der Brüchigkeit und der Verletzlichkeit ihrer Beziehung bis in das Alltägliche hinein bewusst und sind dann zurückhaltender, anspruchsloser und nachsichtiger als zuvor.

Um sich zu entwickeln, braucht die Liebe beide Weisen, allerdings nur innerhalb der ihr gemäßen Grenzen. Werden diese überschritten, wird der Abgrund unter den lebenden Liebenden unüberbrückbar. Nicht aber unter den Toten. Was hier im Leben nicht gelingt, wird unter den Toten unabdingbar, wenn sie ihr Sterben so weit vollenden wollen, dass sie im Vergessen und Vergessenwerden endgültig untergehen und vergehen dürfen.

Diese Aussage ist kühn. Niemand kann sie überprüfen. Sollte an ihr etwas wahr sein, ist es wohl nur ein kleines Steinchen in einem unendlichen Mosaik. Dennoch habe ich diese Aussage gemacht, weil sie – wenn vielleicht auch nicht für die Toten, so doch für die Lebenden, die den Toten nahe standen – heilsam und versöhnend wirkt, zum Beispiel auf ihre Kinder oder Enkel.

In der Arbeit mit Familienkonstellationen werden die Stellvertreter der Lebenden neben die Stellvertreter der Toten gestellt. Obwohl die wirklichen lebenden oder toten Personen, die dabei vertreten werden, physisch abwesend sind, werden sie in den Stellvertretern gegenwärtig. So sehr, dass diese fühlen und sich verhalten, als seien sie mit der Seele der Abwesenden verbunden und als nähmen deren Seelen während dieser Zeit von ihnen Besitz. Dabei wird sichtbar, dass die Toten, die im Leben nicht mehr zueinander finden konnten, im Tod zur Ruhe kommen, wenn die Liebe, die durch Hass oder Unrecht ihr Ziel nicht erreichen konnte, nachträglich die Trennung aufhebt und damit auch den Hass und das Unrecht.

Die grosse Liebe

Sehr viel Liebe ist Bindung. Sie ist instinktiv und sehr oft blind. Mit dieser blinden Liebe tun Kinder etwas aus Liebe, das ein Unglück weiterträgt, statt dass es das Unglück beendet. So sind die Kinder.

Wenn wir erwachsen werden und uns der Vielfalt der Wirklichkeit aussetzen, beschränken wir uns, wenn wir in der kindlichen Liebe gefangen bleiben, auf einen kleinen Ausschnitt der Wirklichkeit, also auf den Ausschnitt der Wirklichkeit, der ungefähr dem entspricht, was in unserer Familie an Einsicht und Liebe möglich war. Das ist eine kleine Liebe.

Diese kleine Liebe führt dazu, dass wir das eine nehmen und das andere ausschließen, zum Beispiel ein anderes Volk, eine andere Kultur, eine andere Religion. Wir bleiben eng.

Wenn die Liebe wächst, weitet sie sich und nimmt immer mehr in die eigene Seele von dem hinein, was vorher abgelehnt oder gefürchtet worden war. So wächst man über die kleine Liebe hinaus und kann am Ende vieles Verschiedene und Gegensätzliche in der Seele verbinden: auch das Böse, auch die Schuld, Leben und Tod, Gesundheit und Krankheit, Opfer und Täter – das Ganze.

Darüber hinaus leben wir dann sozusagen nicht nur hier, also nicht nur in der Gegenwart, sondern sind auch mit allem verbunden, was vor uns war. Also, nicht nur mit den Lebenden, auch mit den Toten. Das Reich der Toten ist, verglichen mit dem Reich der Lebenden, sehr viel größer und es wirkt unablässig in das Reich der Lebenden herein. Denn wir ruhen auf unseren Ahnen. In uns wirken sie weiter. Auch steht alles, was in der Natur vergeht, wieder in etwas anderem und Neuem auf.

Wenn wir uns diesem Kreislauf öffnen, so dass alles Vergangene in uns, sozusagen, wieder lebendig wird und wir zustimmen, dass auch wir vergehen und dennoch im Vergehen weiterwirken, sind wir in unserer Liebe mit allem vor uns und nach uns und natürlich mit allem hier in unserer Gegenwart eins.

Die andere Liebe

Wenn ich einem geliebten Menschen in die Augen blicke und sage »Ich liebe dich«, dann öffne ich ihm mein Herz – und ich berühre seines.

Doch kann er sich dann wirklich auf meine Liebe verlassen? Ist meine Liebe dann stark genug, bis zum Ende durchzuhalten und sich bis zum Letzten zu bewähren? Oder überfordert dieser Satz vielleicht nicht ihn und mich?

Kraft gewinnt meine Liebe, wenn sie nicht allein von mir gewollt und von mir getragen wird – und wenn sie nicht nur den anderen meint, sondern auch das Größere, das sein Schicksal bestimmt und ihn für sich in Anspruch nimmt. Daher muss ich diesen Satz »Ich liebe dich« erweitern, bis er auch diese andere Dimension umfasst und anerkennt. Dann sage ich dem anderen nicht nur »Ich liebe dich«, sondern ich sage ihm »Ich liebe dich – und das, was mich und dich führt«. Ich liebe dich – und das, was mich und dich führt.

Das, was mich und dich führt, führt uns vielleicht eine Zeit lang auf dem gleichen Weg. Es verbindet uns daher auf diesem Weg auf innige Weise. Doch dann wird beiden nach einiger Zeit vielleicht bewusst, dass jeder auf einem anderen Weg zu einer anderen Bestimmung geführt wird. Das, was uns führt, wird und muss uns dann vielleicht sogar trennen. Wenn wir das sehen und anerkennen, was geschieht dann mit unserer Liebe? Ist sie dann zu Ende?

Nein. Gerade das, was uns zu trennen scheint, verbindet uns auf tiefere Weise. Denn auf diese Weise werden wir sowohl mit dem geliebten Menschen als auch – mit ihm gemeinsam – mit etwas Größerem eins.

Diese Liebe ist die Grundlage der Achtung. Ich achte den anderen, wie er ist, nur, wenn ich zuvor auch das achte, was ihn führt. Und ich achte auch mich, wie ich bin, nur, wenn ich zuvor auch das achte, was mich führt.

Wir können nun in unserer Seele nachspüren, was das für unsere Beziehungen bedeutet. Zum Beispiel, wenn in einer Paarbeziehung Mann und Frau sich gegenseitig sagen: Ich liebe dich – und das, was mich und dich führt. Oder wenn Eltern ihren Kindern sagen: Ich liebe dich – und das, was dich und mich führt. Oder wenn ein Kind seinem Vater und seiner Mutter sagt: Ich liebe dich – und das, was mich und dich führt.

Diesen Satz können wir auch einem Kranken sagen, der uns um Hilfe bittet: Ich liebe dich – und das, was mich und dich führt. Wir erspüren dann vielleicht den Sinn seiner Krankheit und den Weg, den sie ihn führt. Wir erspüren vielleicht dann auch, ob wir befähigt und berufen sind, ihm zu helfen. Dann sind auch nicht wir allein es, die, gestützt auf unser Wissen und auf unsere Erfahrung, in sein Schicksal eingreifen. Denn dann werden wir von etwas geführt, das über uns und ihn hinausreicht und dem wir uns beide gleichermaßen fügen.

Ruhe des Herzens

Von Augustinus kennen wir das Wort: »Unruhig ist unser Herz, bis es ruhet in dir«. Was sagt uns dieses Wort heute? Wie finden wir im Alltag die Ruhe des Herzens, die Ruhe der Seele, die Ruhe des Geistes?

Wir finden diese Ruhe, wenn wir allem, was uns bewegt, zustimmen, wie es ist, wenn wir uns selbst zustimmen, wie wir sind, und wir in Einklang kommen mit dem, was wir vorher vielleicht nicht wahrhaben wollten, wenn wir uns nicht mehr wehren gegen das, was uns im Weg zu stehen schien.

Wenn wir diese Ruhe des Herzens gefunden haben, sind wir auch im Einklang mit unseren Eltern, unseren Geschwistern, unseren Ahnen und unserem Schicksal. Wenn wir unserem Partner zustimmen, wie er ist, ohne den Wunsch, ihn oder sie in irgendeiner Weise zu ändern, sind wir auch mit ihm in Frieden und kommen zur Ruhe.

Und wenn wir Kinder haben und ihnen zustimmen, so, wie sie sind, mit ihrem besonderen Schicksal, ihren besonderen Fähigkeiten, ihren besonderen Grenzen, ihrer besonderen Liebe, sind wir mit ihnen im Frieden und kommen zur Ruhe.

Wenn wir mit anderen Gruppen zu tun haben, die vielleicht schwierig scheinen und von denen wir fürchten, dass sie gegen uns sind, und wir ihnen dennoch zustimmen, so, wie sie sind, genau so, wie sie sind, kommen wir zur Ruhe und werden vielleicht für sie unwiderstehlich.

Aus der Ruhe des Herzens können wir auch in Einklang kommen mit anderen sozialen Schichten, anderen Religionen, anderen Rassen, anderen Völkern. Wenn wir ihnen zustimmen, so, wie sie sind, hört der Argwohn auf.

Sinnsprüche: *Liebe*

Liebe ist stark wie der Tod, und sie weicht nicht zurück.

Manche haben die Vorstellung, dass ihr Leid die Welt erlöst. Doch oft bringt es viele andere um ihr Glück.

Ohne Liebe keine Lösung.

Wenig Liebe, wenig Wirkung.

Bei guten Männern oder Frauen muss man sich verändern.

Was aus dem Herzen kommt, macht keine Mühe.

Wer lebt, der kann auch lieben.

Bei der Liebe ist oft das Schwerste, nicht dass man sie hat, sondern dass man sie zugibt.

Das Tiefste in der Liebe ist unberührbar.

Ohne Männer keine Kinder.

Nichts ist leichter zu machen als ein Kind, und doch ist es das Größte.

Die Liebe reinigt den anderen von den eigenen Bildern – und von der eigenen Absicht.

Liebe? Von weit her und weit hin.

Was ist ein Bezug ohne Liebe?

Liebe ist verschwiegen.

Der Hund an der langen Leine kommt lieber zurück.

Erröten verschwindet, wenn man die geheimen Wünsche liebt.

Mehr als die Mutter gibt es nicht.

Wer zum Wein geht, geht zu seiner Mutter.

Kinder wollen ihre Eltern groß, nicht gleich.

Eltern, die sich abgewandt haben, darf man nicht suchen.

Liebe bleibt.

Herzschmerzen werden bei der Mutter geheilt.

Die Ablösung gelingt, wenn man die Bindung anerkennt.

Die große Liebe entzieht sich dem kleinlichen Zugriff.

Wer ausschließlich liebt, liebt nicht das Ganze.

Erfahrung

Dem Erfahren liegt ein Ausgreifen zugrunde, entweder ein inneres, weg vom Ich zum eigenen Leib, zur eigenen Seele, zum eigenen Denken, oder, über das Eigene hinaus, zum anderen, das uns entgegentritt und über uns hinausreicht.

Unsere Sinnesorgane und unsere Glieder ermöglichen dieses über unseren Leib Hinausreichen: das Sehen, das Hören, das Riechen, das Tasten, das Schmecken. Wenn dann noch die Bewegung dazukommt, können wir mit den Händen über etwas fahren und es mit Händen greifen, und wir können mit den Füßen dem Entfernten näher kommen und es aus der Nähe erfahren. So nehmen wir das Äußere in uns hinein und verinnerlichen es. Zugleich wenden wir uns damit auch dem Außen zu, werden Teil von ihm, indem wir es verändern, sei es, indem wir es entwickeln – denken wir, zum Beispiel, an die Zucht und Pflege von Pflanzen und Tieren –, sei es, indem wir es vernichten. Indem wir es vernichten, schwindet auch ein Teil von uns.

Solche Erfahrung kann gedankenlos sein, weil sie achtlos und daher äußerlich bleibt, und sie kann aufmerksam, ja andächtig sein, weil sie etwas von Wesen dessen da draußen erfasst, gleichsam an sein Inneres rührt, von da her eine Antwort und einen Hinweis erhält und mit ihm in eine Beziehung tritt, gleichsam von Seele zu Seele, indem sie das Eigene und das da draußen als Teil eines größeren Ganzen begreift und so mit ihm in Einklang kommt. Das Äußere wird so in einer besonderen Weise zu einer inneren Erfahrung.

Abgesehen von dieser äußeren Erfahrung gibt es auch eine innere Erfahrung, zum Beispiel von Wohlbefinden oder Schmerz. Wir machen auch die Erfahrung, dass wir gleichsam unabhängig vom Äußeren uns etwas vorstellen, von etwas träumen und Pläne schmieden können und uns auf diese Weise eine innere Welt erschaffen.

Die Vorstellung dieser inneren Welt können wir nun auf die äußere übertragen, sei es, dass wir nun der äußeren Welt mit den Bildern, Erwartungen und Zielen dieser inneren Welt gegenübertreten und sie der inneren unterwerfen wollen. Sei es, dass wir die Vorstellungen der inneren Welt an der äußeren messen, sie ihr entsprechend mäßigen, beide miteinander in Einklang bringen und so das eine durch das andere erweitern, vertiefen und bereichern. Auch hier geht es am Ende um den Einklang mit einem größeren Ganzen, einer größeren, gemeinsamen Seele.

In diesem Sinne könnten wir dann auch die beiden letzten Strophen von Rilkes 14. Sonett aus dem zweiten Teil der *Sonette an Orpheus* verstehen:

Nähme sie einer ins innige Schlafen und schliefe
tief mit den Dingen –: o wie käme er leicht,
anders zum anderen Tag, aus der gemeinsamen Tiefe.

Oder er bliebe vielleicht; und sie blühten und priesen
ihn, den Bekehrten, der nun den Ihrigen gleicht,
allen den stillen Geschwistern im Winde der Wiesen.

Gefühle

Viele Gefühle haben mit einer realen Situation zu tun, zum Beispiel mit dem Tod des Vaters, dem Verlust der Mutter, einer frühen Trennung von der Mutter, mit dem Tod eines Kindes oder mit der Liebe zwischen Mann und Frau. Bei all diesen Gefühlen sind die Augen offen. Wenn wir Zeugen eines solchen Gefühls werden, können wir daran Anteil nehmen, ohne uns selbst aufzugeben, ja, wir fühlen uns bereichert, wenn wir an diesem Gefühl Anteil nehmen. Wir fühlen uns menschlicher.

Solche Gefühle nenne ich primäre Gefühle.

Wo sich solche Gefühle zeigen, braucht es keinen Trost, keinen Eingriff von außen. Wenn einer versuchen würde einzugreifen, würde er nur stören. Der Einzelne ist beim primären Gefühl ganz bei sich und hat Kraft. Noch etwas ist wichtig hier. Nach einem primären Gefühl kann man handeln. Es ist dann klar, was zu tun ist. Aus dem primären Gefühl kommt die Kraft zur Tat.

Ganz anders ist das bei den sekundären Gefühlen. Sie dienen der Abwehr eines anderen Gefühls und machen schwach. Sie sind Ersatz für Handeln. Statt dessen fühlen sich andere aufgerufen, etwas zu tun, und wissen doch, dass es umsonst ist. Menschen, die in solchen Gefühlen sind, werden dem, der sie zu trösten oder auf sie einzugehen versucht, zeigen, dass auch er nichts vermag. Warum? Wenn er etwas erreichen würde, müssten auch sie etwas tun. Die sekundären Gefühle dienen also der Abwehr einer Lösung. Durch sie wird ein Problem aufrechterhalten. Man darf daher nie direkt auf ein solches Gefühl eingehen, doch man kann versuchen, die Aufmerksamkeit zu verschieben. Man macht zum Beispiel einen Witz. Vor allem lässt man jemanden in einem solchen Gefühl die Augen aufmachen und genau auf etwas schauen. Denn mit offenen Augen kann man ein sekundäres Gefühl nicht mehr aufrechterhalten. Merkwürdig ist, dass das eigentliche Gefühl hinter dem sekundären Gefühl oft genau umgekehrt ist wie das gezeigte. Oft lacht jemand, wenn er die Augen aufmacht, nachdem er vorher geschluchzt hat.

Wenn uns jemand mit einem solchen Gefühl bedrängt, kann man Zeit schinden, zum Beispiel indem man einen Vorwand findet wegzugehen, wenn auch vielleicht nur kurze Zeit. Wenn man zurückkommt, ist das Gefühl oft vorbei, denn die sekundären Gefühle gibt es nur in der Gegenwart anderer. Ohne Publikum sind sie umsonst.

Neben den primären und den sekundären Gefühlen gibt es noch die übernommenen Gefühle. Man übernimmt sie stellvertretend für andere. Daher ist es so wichtig, dass man zwischen dem eigenen Gefühl und einem übernommenen Gefühl unterscheiden kann.

Ich bringe dazu ein Beispiel. Eine Tochter war immer wütend auf ihren Vater. Der Vater hatte eine erste Frau, die er verließ. Es ist diese Frau in diesem System, die wirklich auf den Vater wütend ist. Bei einer Familienaufstellung konnte die erste Frau dieser Tochter sagen: Ich bin hier wütend, dich geht das nichts an. Auf einmal war das Kind zufrieden, und das übernommene Gefühl war weg.

Es gibt noch eine vierte Art von Gefühlen. Diese sind übergeordnet. Ich nenne sie Meta-Gefühle. Sie sind reine Kraft. Zu den Meta-Gefühlen gehören der Mut, die Gelassenheit, die Freude, die Weisheit. Denn auch die Weisheit ist ein Gefühl. Der Weise weiß, ob etwas geht oder nicht. Deswegen ist er weise. Er weiß nicht mehr als die anderen, aber er weiß, was geht.

Sinnsprüche: *Einsichten*

Absicht ist kein Ersatz für Einsicht.

Der Irrtum gehört zum Handwerk.

Neben dem Erkannten wirkt das Erdachte blass.

Was andere sagen, enthebt mich nicht des Nachdenkens.

Jedes dicht Gesagte ruht auf dem nicht Gesagten.

Etwas wird nicht dadurch richtig, dass ich es verstehe.

Um etwas zu verleugnen, muss man es erst anerkennen.

Ein guter Vorsatz geht gegen die innere Bewegung.

Das Subjekt ist das Objekt der Wirklichkeit.

Bei Gleichheit gibt es keine Vergleiche.

Nichts von dem, was ist, ist Ersatz.

Schönheit ist immer ein Ausschnitt.

Oft wird das Schicksal vorangebracht durch Blinde.

Es weht kein neuer und kein anderer Wind, nur der alte.

Gemütlich wird das Große nicht vollbracht.

Großes beginnt einsam.

Wer alleine ist, gehört zu allen.

In der Tiefe sind wir getrennt.

An meiner Angst kann keiner wachsen.

Kleine Ordnung, große Wirkung.

Nicht das Viele erfüllt, sondern das Wesentliche.

Je heißer der Brei, desto weiter der Bogen.

Einwände sind leichter als Wahrnehmung.

Oft verbraucht das Wissen die Wahrheit.

Wer sich mit den Opfern identifiziert, identifiziert sich auch mit den Tätern.

Die Unvollkommenheit erleichtert die Lösung.

Entwicklung ist unausweichlich.

Inspiration geht nicht auf »Wahrheit« hin, sondern auf Fülle.

Die Fülle lässt sich nicht festlegen.

Weisheit handelt.

Was man sich vornimmt, hilft nichts.

Schauen

Schauen ist mehr als Sehen. Das erkennen wir schon daran, dass wir manchmal nicht nur etwas sehen, sondern es auch durchschauen. Es kommt also zum Sehen etwas hinzu, ein Einblick, der über das nur Angeschaute hinausreicht. Er reicht in seine Tiefe, in sein Geheimnis, vielleicht sogar in sein Wesen. Die Schau in diesem Sinne hat also mit Wesentlichem zu tun, mit dem, was dem Angeschauten seine Wahrheit, seine besondere Schönheit gibt. Es kommt also beim Schauen noch etwas anderes zum Vorschein, das dem Sehen allein verborgen bleibt.

Wenn wir daher über Menschen etwas Wesentliches erfassen, etwas von den Ordnungen, denen sie unterworfen sind, etwas von ihrer Seele, von Liebe zum Beispiel, von Achtung, Bestimmung und Sinn, dann nur, wenn unser Hinschauen übergeht in Schau.

Die Schau gelingt, wenn unsere Sinne rein sind, im Sinne von durchlässig und offen für das, was sich uns zu erkennen gibt. Wenn das Schauen nicht getrübt und gefesselt wird von Zielen, Wünschen oder Ängsten, die das Sich-Zeigende verdecken, es vielleicht in die Hand nehmen wollen zu nebensächlichen Zwecken, statt einfach offen vor ihm zu sein und zu warten, ob und als was es sich zeigt.

Schauen kann daher nur, wer die Geduld aufbringt auszuhalten, bis das im Sichtbaren Verborgene sich Schicht für Schicht von sich aus zeigt oder sich, wie Heidegger sagt, entbirgt.

Erinnern und Vergessen

EINE INDIANERIN WÄHREND EINES KURSES IN SAN FRANCISCO Ich möchte etwas über Opferhaltung fragen. Ich arbeite in unserem Indianerreservat als Therapeutin. Ein Thema, das uns dabei immer wieder beschäftigt, ist das Unrecht, das unserem Volk durch die Kolonialisierung angetan wurde. Wir verharren als Volk noch stark in der Opferhaltung, und das lähmt uns in vielerlei Weise. Wir haben eine tief liegende Angst, dass wir, wenn wir aufhören, uns als Opfer zu fühlen und uns als Opfer zu verhalten, den Tätern einen Vorwand liefern, ihre Verantwortung zu verdrängen. Denn die amerikanische Öffentlichkeit ist bis heute nicht bereit, das Unrecht zuzugeben, das unserem Volk von den Einwanderern angetan wurde. Indem wir uns als Opfer verhalten, erinnern wir die anderen daran, was uns damals angetan wurde, denn bisher hat noch niemand öffentlich zugegeben, dass uns Unrecht geschah. Wir halten an der Opferrolle fest, damit die anderen sich schuldig fühlen. Ihr Schuldgefühl ist unser Faustpfand, das unsere Ansprüche sichern soll.

Aber es lähmt uns als Volk. Seit wir in unserem Gebiet angefangen haben, Familien zu stellen und ich selber auch diese Arbeit mache, frage ich mich, wie können wir uns aus der Opferrolle befreien, ohne dass wir damit die Achtung vor unseren Ahnen aufgeben und dem Schicksal, das ihnen widerfuhr. Denn wenn wir nicht mehr in der Opferhaltung bleiben, achten wir auch unsere Ahnen nicht. Kannst du dazu etwas sagen?

HELLINGER Ich kann viel dazu sagen. Das ist eine sehr wichtige Frage. Ich möchte in diesem Zusammenhang etwas sagen über Erinnern und Vergessen. Oft begegnen wir Menschen, die, weil sie Schlimmes erlebt haben, immer wieder daran denken und es immer wieder erinnern. Durch dieses Erinnern wird das damalige Schlimme wiederbelebt. Sie verbinden dieses Erinnern auch mit einem Anspruch an andere. Indem sie das Schlimme erinnern und in Erinnerung bringen, machen sie diesen Anspruch immer wieder von neuem geltend. Das hängt mit unserem Bedürfnis nach Ausgleich zusammen.

Menschen, die gelitten haben, erwarten für ihr Leid später einen Ausgleich. Eine Nation, die gelitten hat, erwartet einen Ausgleich von denen, die dieses Leid über sie gebracht haben, oder von deren Nachkommen. Dieses Bedürfnis nach Ausgleich hält die Erinnerung über lange Zeit wach.

Die Erwartung von Wiedergutmachung und das Fordern von Ausgleich ist in unseren persönlichen Beziehungen gerechtfertigt und notwendig. Sonst zerbrechen diese Beziehungen. Diese Erwartungen und Forderungen lassen sich aber nicht in gleicher Weise auf die Beziehungen zwischen Völkern übertragen. Die Erwartung und Forderung, es könnte oder müsste einen Ausgleich für vergangenes, erlittenes Unrecht geben, ist die treibende Kraft hinter vielen Kriegen. Viele Kriege sollen ein Unrecht oder Leid rächen oder wieder gutmachen, allerdings kommt es dazu nur, wenn die Gruppe stark genug ist, um einen Krieg zu führen. Wenn sie dazu nicht in der Lage ist, verharrt sie leicht in der Opferhaltung und hofft auf eine Wiedergutmachung in der Zukunft.

Ich bringe ein Beispiel. Eine Freundin unserer Familie war als junges Mädchen im Konzentrationslager Dachau und wurde befreit, als sie gerade sechzehn Jahre alt war. Mit ihr im Konzentrationslager war eine andere junge Frau, die später jahrelang Prozesse um eine Entschädigung geführt hat, denn sie war der Meinung, dass ihre Unfähigkeit, Kinder zu bekommen, auf ihre Erlebnisse im Konzentrationslager zurückzuführen war. Wegen dieser Erwartungen und Forderungen hat sie dreißig oder vierzig Jahre lang einen Rechtsstreit geführt.

Nun, was war das Endergebnis dieses Streits? Das wirkliche Leben floss an ihr vorbei. Die Erinnerung an das vergangene Unrecht hinderte sie, das Leben, das ihr möglich war, wirklich zu leben.

Ganz anders die Frau, mit der wir befreundet sind. Nach ihrer Befreiung hat ihr ein amerikanischer Offizier gesagt: »Lass das Erlebte hinter dir. Vergiss es und schau nach vorne.« Das hat sie beherzigt. Sie wurde Ärztin, Professorin an der Universität, war erfolgreich und hat die Not vieler Menschen gelindert. Sie konnte nehmen, was das Leben ihr gewährte, weil sie die Erinnerung hinter sich ließ.

Vor einigen Wochen, als wir in Mexiko ein Seminar angeboten haben, trafen wir einen Überlebenden von Auschwitz, einen alten Herrn, und wir haben zusammen zu Abend gegessen. Er hat mit mir deutsch geredet. Seine Tochter, die mit dabei war, hatte ihn noch nie in ihrem Leben deutsch reden gehört. Er hat mir erzählt, nachdem er aus dem Konzentrationslager befreit worden war, hat ihm ein Offizier gesagt: »Mit Hass im Herzen kann man nicht leben. Mit Hass im Herzen bist du wie tot.« Er hat sich das zu Herzen genommen und konnte so seine Erinnerungen hinter sich lassen.

Vor einiger Zeit hatten wir einen Kurs in Chile, in dem eine Frau berichtete, dass ihr Bruder unter der Diktatur verhaftet wurde und verschwand und dass sie das nie vergessen werde. Ich habe ihr gesagt: »Du musst es vergessen.« Als sie sich wehrte, schlug ich ihr vor, sich und ihren Bruder aufzustellen. Ihre Stellvertreterin fühlte sich hart wie ein Stein und völlig leblos. Ihrem Bruder ging es neben ihr nicht gut. Daher habe ich ihn neben einen anderen Toten gestellt, der mit ihm umgekommen war. Dort sagte er zur Überraschung aller: »Mir ist kein Unrecht geschehen.« Er war im Frieden.

Was wir daraus lernen müssen, ist, dass unser Schicksal nicht in der Hand der Täter liegt, als ob sie die Macht hätten, uns oder ein Volk zu vernichten. Auch die Täter stehen im Dienst einer höheren Macht, die entscheidet, wer leben soll und wer nicht. Das ist eine schwerwiegende Aussage. Aber erst, wenn wir zu dieser Einsicht gelangen und uns ihr fügen, finden wir Frieden.

Heute Morgen habe ich beim Frühstück mit einem Mann über Amerika und die Lage der Indianer geredet. Dass ihnen großes Unrecht widerfuhr, stand außer Frage. Wir haben aber in unserem Gespräch versucht, auf das größere Amerika zu schauen. Wenn wir nur auf die Ureinwohner und die Eroberer schauen und sie nur als Opfer und Täter sehen, können wir die Bedeutung dieses Geschehens nur teilweise erfassen.

Ich war mit einem ähnlichen Problem konfrontiert, als ich Anfang dieses Jahres in Israel war. Die Eroberung Israels nach dem letzten Krieg war in vieler Hinsicht rücksichtslos und grausam und ging auf Kosten der Palästinenser. Dennoch hatte die Eroberung Israels etwas von einer spirituellen Bewegung, sie hatte eine spirituelle Kraft. Daher war sie in gewissem Sinn für alle unausweichlich, sowohl für die Täter als auch die Opfer. Wenn wir das Ergebnis dieser Eroberung betrachten, ist es schwer zu beurteilen, ob es für die anderen auf Dauer etwas Schlimmes war oder nicht. Ich sage das mit aller Vorsicht, ohne das damit verbundene Unrecht und Leid zu verleugnen.

Wenn ich nun auf Amerika schaue, sehe ich, dass dieses Land vielen Menschen, die verfolgt waren, Schutz und eine neue Heimat gewährt hat. Wir müssen also auch diese Seite sehen. Daher können wir das Verhältnis zwischen der herrschenden Mehrheit hier und den Ureinwohnern nicht auf das von Tätern und Opfern verkürzen. Auch hier waren größere, übergeordnete Kräfte am Werk. Das ist das eine.

Doch nun zurück zur Frage von Erinnern und Vergessen. Die heilende Erinnerung für die Ureinwohner hier wäre nicht die Erinnerung an das erlittene Unrecht, sondern die Erinnerung an ihre Ahnen in der Zeit davor. Dass sie also nicht nur auf die Täter schauen, sondern weit zurück auf ihre Ahnen zu einer Zeit, als das Leben für sie noch in Ordnung war und gut. Dass sie von ihren Ahnen die Kraft holen, die alte Kraft, und mit dieser Kraft die Gegenwart meistern. Das ehrt die Ahnen mehr als die Erinnerung an das ihnen widerfahrene Unrecht. Auf diese Weise finden sie zur alten Kraft und Würde zurück, können aus dieser Kraft und Würde etwas Großes und Wertvolles für dieses Land leisten und sich einfügen, ohne ihre Identität zu verlieren. Das wäre hier die heilende Bewegung.

Beispiel: Der Friede*

HELLINGER *zur Gruppe* Ich möchte zu Beginn etwas sagen über Friede. Was heißt: Friede? Frieden gibt es, wenn etwas zur Ruhe kommt, das vorher durcheinander geraten war. Wenn sich etwas, das sich entgegenstand, versöhnt. Wenn etwas, das sich abgespalten hatte, wieder zusammenkommt und zusammenfließt.

Der Friede beginnt in der eigenen Seele. Er beginnt damit, dass das, was wir als gut und böse unterscheiden, das sich also als gut und böse entgegensteht, auf eine Ebene gehoben wird, auf der beides zusammenwirkt und so in gewissem Sinne gleich-wertig wird. Denn wenn wir uns für gut halten, schließen wir andere, die wir als böse betrachten, aus. Und wenn wir in uns etwas als böse betrachten oder als schlimm, dann klammern wir es aus, wollen es nicht wahrhaben, verstecken und verdrängen es, bekämpfen es in uns und, wenn wir das Gleiche auch bei anderen sehen, bekämpfen wir es statt in uns bei ihnen. Wir folgen dabei einer inneren Instanz, die diese Unterscheidungen trifft und der wir uns bei diesen Unterscheidungen auch ausgeliefert fühlen. Diese Instanz ist das Gewissen. Das Gewissen bringt die Unterscheidung von gut und böse in die Welt. Diese Unterscheidung ist wichtig innerhalb einer Gruppe, denn sie regelt, wer zu dieser Gruppe gehören darf und wer nicht. Innerhalb unserer Familie ist zum Beispiel das gut, was uns mit unserer Familie verbindet, und das wird als böse oder schlecht erfahren, was uns von unserer Familie trennt. Insofern ist diese Unterscheidung von gut und böse berechtigt und wichtig.

*Beispiel aus einem Kurs im Baskenland

Nun sind wir aber versucht, diese Unterscheidung von gut und böse, wie wir sie aus unserer Familie kennen, auf die Welt als Ganzes zu übertragen, so dass wir meinen, die Welt steuere auf etwas Gutes hin in unserem Sinne und dass wir deshalb das, was wir in unserer Familie als trennend und böse betrachten, auch in der Welt außerhalb unserer Familie bekämpfen und vielleicht sogar ausrotten und vernichten müssen. Wir übertragen diese Unterscheidung sogar auf Gott und schreiben ihm zu, dass er genau wie wir zwischen gut und böse unterscheidet und deshalb den Guten in unserem Sinne eine Zugehörigkeit zuspricht, die wir im christlichen Glauben als Himmel bezeichnen, und dass er die Bösen in unserem Sinne bestraft, indem er sie aus seiner Gemeinschaft ausschließt und für ewig in die Hölle verdammt. Daher kommt es, dass die Unterscheidung von gut und böse auch im Namen Gottes getroffen wird und dass viele im Namen Gottes sich herausnehmen, andere, die anders sind, auszuschließen und zu verdammen.

Und was führt nun zum Frieden, der das Getrennte und scheinbar Unversöhnliche miteinander versöhnt? Voraussetzung für den Frieden ist, dass wir uns von der Unterscheidung von gut und böse verabschieden, über sie hinauswachsen und beides als aufeinander bezogen anerkennen.

Wenn wir in unsere eigene Seele blicken und auf das schauen, was wir als gut bezeichnen oder als heilig, und dann auf das schauen, was wir als schlimm oder verachtenswert bezeichnen oder als gefährlich oder als triebhaft oder als dem Geist und dem Guten entgegengesetzt, und wenn wir dann das eine gegen das andere abwägen, indem wir in der einen Hand das so genannte Gute und in der anderen Hand das so genannte Böse halten und das Gewicht des einen und des anderen prüfen: Was hat das größere Gewicht? Ist es das so genannte Gute oder ist es das so genannte Böse? Das so genannte Böse hat bei weitem das größere Gewicht. Es hat die größte Kraft. Zugleich erfahren wir, dass das so genannte Gute ohne das Böse kraftlos bleibt und eng. Ohne das Böse verarmt das Gute, ohne das andere verarmt das eigene.

Ich erläutere das an zwei Beispielen. Wenn wir nur einen unserer Eltern als gut anerkennen und den anderen ablehnen, weil er uns nicht gut genug erscheint oder sogar als böse, verlieren wir an Kraft. Erst wenn wir beide Eltern, so, wie sie sind, als richtig und für uns gemäß anerkennen, gewinnen wir als Kinder unsere ganze Kraft.

Oder nehmen wir an, ein Mann oder eine Frau waren vorher verheiratet, haben sich von den früheren Partnern getrennt, weil diese, wie sie sagen, nicht die Richtigen waren, und sie nun den vermeintlich besseren Partner heiraten, dann setzen sie den ersten Partner herab und setzen den zweiten über den ersten. Diese Unterscheidung beeinträchtigt die neue Beziehung. Wenn beide aber ihre ersten Partner als gleichwertig achten, wenn beide den früheren Partner des anderen als gleichwertig achten, gewinnt die neue Beziehung dadurch an Festigkeit und Kraft.

Hier unterbreche ich meine Betrachtungen über den Frieden. Man kann sie weiterführen, wie ihr spürt, doch ich bleibe im Dienst des Friedens und der Versöhnung innerhalb der Grenzen, die mir gesetzt sind.

Wer von denen, die sich hier angemeldet haben, möchte beginnen?

Inigo meldet sich und setzt sich neben Hellinger. Dieser schaut ihn eine Zeit lang an, ohne etwas zu sagen.

HELLINGER *nach einer Weile zur Gruppe* Was mache ich jetzt? Ich versuche mit seiner Seele in Kontakt zu kommen.
zu Inigo Du kommst mit meiner Seele in Kontakt, und obwohl wir verschieden sind, arbeiten wir in Frieden zusammen. Ich achte dich und du achtest mich. Ich achte deine Familie und deinen Hintergrund, und du achtest meinen Hintergrund. So lassen wir das Beste aus deiner Familie und aus meiner Fa-

milie zusammenfließen. Und wir suchen eine gute Lösung. Okay?

INIGO Ja.

HELLINGER Also, um was geht es dir?

INIGO Mein Bruder war im Gefängnis, weil er mit der ETA zu tun hatte. Als mein Bruder im Gefängnis war und zurückkam, haben meine Eltern ihn aus der Familie ausgeschlossen, allerdings aus einem anderen Grund, nicht aus einem politischen. In dem Augenblick habe ich mich mit ihm solidarisiert, und wir waren mehrere Jahre lang von zu Hause weg. Später habe ich dann wieder die Beziehung zu meiner Familie aufgenommen. Meine Mutter hat es langsam, aber sicher zustande gebracht, uns alle wieder zusammenzubringen. Wir haben jahrelang mit einer gewissen Distanz zusammengelebt, man konnte über viele Dinge nicht reden. Wir haben alle viel geschwiegen. Am wenigsten schwieg mein Bruder. Während all dieser Jahre habe ich kein einziges Wort des Mitgefühls für die Toten der anderen Seite gehört. Ich habe von meinem Bruder kein einziges Wort der Selbstkritik an seiner Situation gehört. Er hat sich immer sehr wichtig gemacht und geprahlt und dabei die Toten der anderen Seite lächerlich gemacht. Er selbst hat sich als Opfer der Situation dargestellt.

HELLINGER Ich glaube, ich weiß genug. Ich werde eine Aufstellung vorschlagen. Okay?

Inigo stimmt zu.

Hellinger wählt je fünf Männer und stellt sie einander gegenüber.

HELLINGER *zu Inigo* Das ist die eine Partei, und das ist die andere. Du kannst wählen, welche Seite die ETA darstellt und welche die Spanier.

Inigo entscheidet, dass die linke Seite die ETA vertritt und die rechte die Spanier.

Bild 1

Ba1 Erster Baske, Mitglied der ETA
Ba2 Zweiter Baske, Mitglied der ETA usw.
Sp1 Erster Spanier
Sp2 Zweiter Spanier usw.

HELLINGER Ich sage jetzt nichts. Wir lassen das sich von alleine entwickeln, was immer auch geschieht.
zu den Stellvertretern Ihr sammelt euch und überlasst euch der Bewegung, wie sie entsteht, einer Bewegung der Seele, wie sie aus der Tiefe kommt.

Nach einiger Zeit kommt Unruhe in die Stellvertreter. Der dritte Baske, vermutlich der Stellvertreter für den Bruder Inigos, hebt den linken Arm mit ausgestrecktem Zeigefinger gegen die Spanier, so, als wollte er auf sie schießen. Dann wählt Hellinger je zwei Stellvertreter für die von den Spaniern getöteten Basken und für die von den Basken getöteten Spanier und lässt sie sich zwischen die beiden Gruppen auf den Rücken legen.

Bild 2

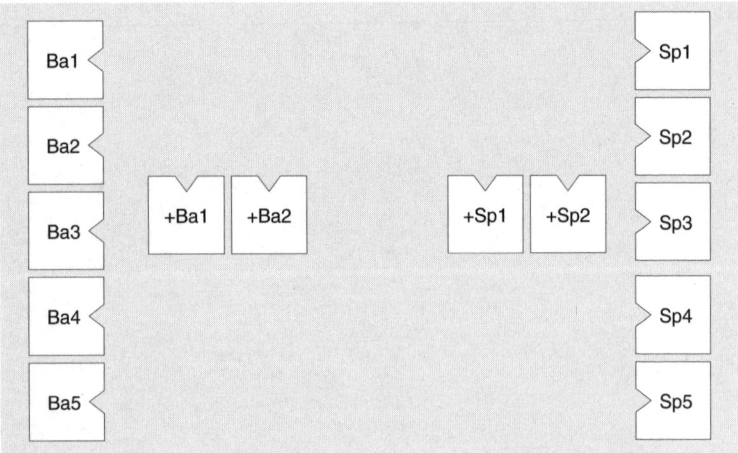

+Ba1	Erster getöteter Baske, Mitglied der ETA
+Ba2	Zweiter getöteter Baske, Mitglied der ETA
+Sp1	Erster getöteter Spanier
+Sp2	Zweiter getöteter Spanier

Der dritte Baske hat seinen ausgestreckten Arm sinken lassen. Der zweite Baske kniet sich zum ersten getöteten Basken, berührt ihn und schaut ihn an. Dann steht er wieder auf. Der vierte Baske schlägt die Hände vor sein Gesicht.

Der erste Spanier tritt einen Schritt vor, der fünfte Spanier ist etwas zurückgetreten.

Inzwischen wird Hellinger mitgeteilt, dass der Stellvertreter, den er für den zweiten getöteten Spanier ausgewählt hatte, schon einmal Opfer eines Attentats der ETA war.

Der fünfte Spanier stellt sich wieder neben die anderen. Der erste Spanier kniet sich zum ersten toten Spanier und legt die Hand auf dessen Kopf. Danach knien sich auch der zweite und der dritte Spanier zu den Toten.

Der zweite Baske breitet seine Arme aus. Dann tritt der fünfte Spanier zwischen die Toten und schaut hinüber zu den Basken und kniet sich hin mit dem Blick auf die toten Basken.

Bild 3

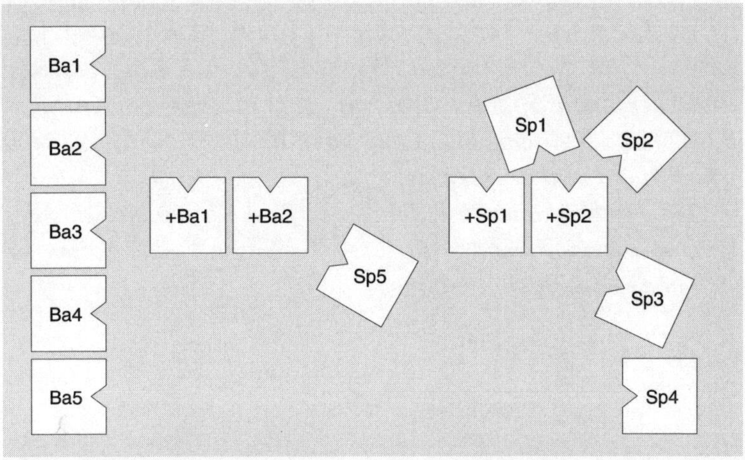

Der fünfte Baske und der vierte Spanier gehen langsam aufeinander zu und umarmen sich.

Bild 4

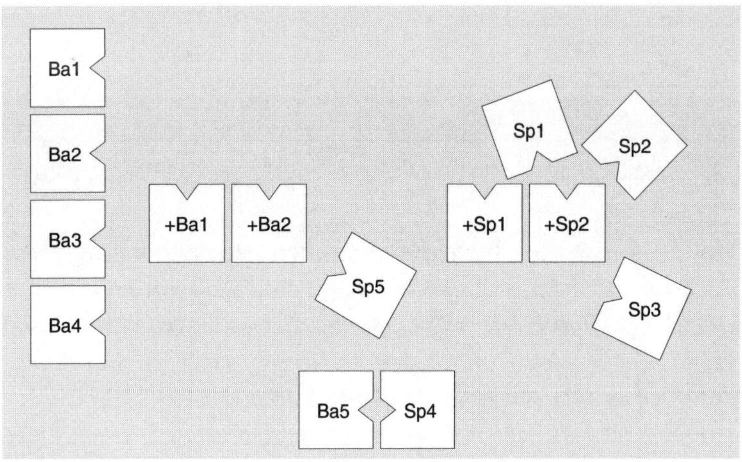

Der fünfte Spanier verneigt sich kniend vor den toten Basken und legt sich dann zwischen die Toten. Der erste Spanier steht auf und legt seine Hand auf den noch knienden zweiten Spanier, wie um ihn zu trösten. Dieser hält seinen Kopf gesenkt. Auch der dritte Spanier steht auf, geht hinüber zu den toten Basken und legt seine Hand auf deren Brust. Diese fassen nach seiner Hand und nehmen sie.

Der vierte Spanier und der fünfte Baske lösen sich aus der Umarmung und wenden sich den Toten zu. Dabei halten sie sich noch von hinten umfasst.

Bild 5

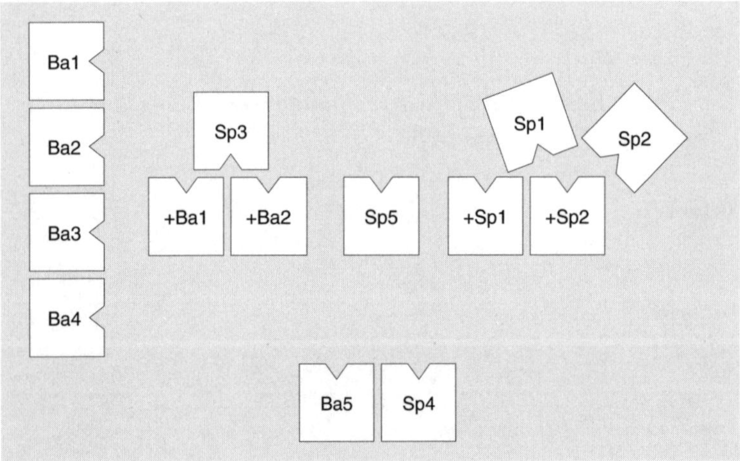

Der erste Spanier versucht den zweiten zu sich hochzuziehen, doch der bleibt mit gesenktem Kopf knien. Dann kommt der zweite Baske auf den ersten Spanier zu. Beide reichen sich die Hand. Beide ziehen dann den zweiten Spanier zu sich hoch, der noch immer seinen Kopf gesenkt hält.

Der erste Baske geht hinüber zum ersten toten Spanier, kniet sich zu ihm und hält dessen Hand. Auch der fünfte Baske hat sich vor die Toten gekniet und sich tief verneigt. Dann steht er wieder auf. Der dritte Baske streckt den Arm aus und zeigt auf den dritten Spanier, der bei den toten Basken kniet. Es sieht so aus, als wolle er ihn erschießen.

Inzwischen hat sich der fünfte Spanier wieder aufgesetzt und schaut zu den Basken hinüber.

Bild 6

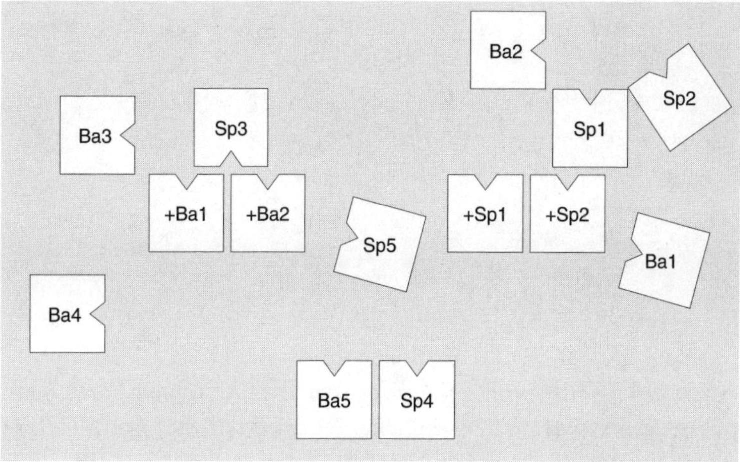

Inigo geht zum dritten Basken, der auf den dritten Spanier schießen will und, wie es scheint, Inigos Bruder vertritt. Er will ihn friedlich stimmen. Daraufhin lässt dieser seinen Arm sinken und beide umarmen sich.

Der dritte Spanier steht auf, bleibt aber bei den toten Basken stehen und schaut auf sie hinunter. Der zweite Spanier hat seinen Kopf aufgerichtet und wird vom ersten Spanier gehalten und getröstet.

Bild 7

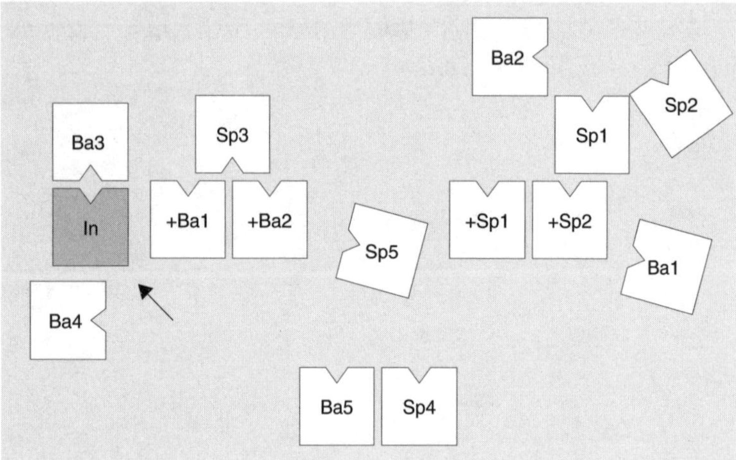

In **Inigo**

Nach der Umarmung geht Inigo zurück auf seinen Platz. Der fünfte Spanier setzt sich mit dem Rücken vor den fünften Basken und den vierten Spanier. Daraufhin geht Inigo zu ihm, schaut ihn an, geht in die Knie, und beide umarmen sich innig. Nach einer Weile schluchzt Inigo laut. Der fünfte Spanier legt die Hand auf seinen Kopf.

Der zweite Baske kniet sich zu den Toten, nimmt die Hände der toten Spanier und der toten Basken und verbindet sie miteinander, so dass sie sich alle die Hände reichen. Der zweite Spanier geht wieder in die Knie. Nach einer Weile geht der erste Spanier näher auf die Basken zu.

Der dritte Baske hat sich zum toten ersten Basken gekniet und ihn umarmt. Nach einer Weile steht er wieder auf.

Nach einer Weile schauen Inigo und der fünfte Spanier sich an. Der fünfte Spanier streichelt ihm die Wangen. Inigo küsst ihn. Dann umarmen sie sich wieder lange und innig.

Bild 8

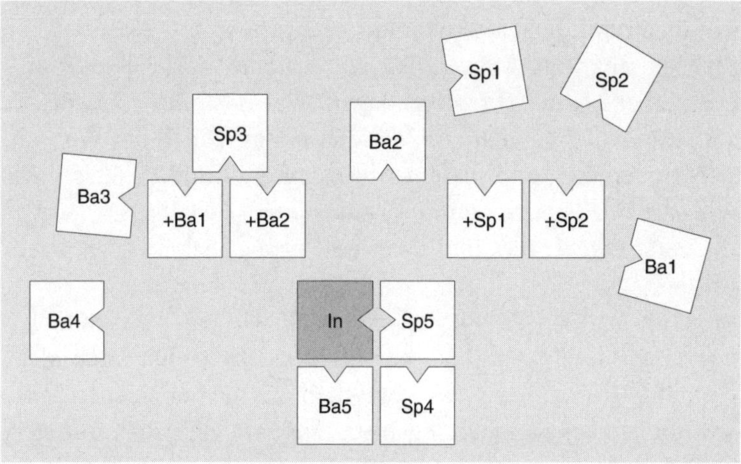

HELLINGER *nach einer Weile – der ganze Vorgang hat siebzehn Minuten gedauert – zu den Stellvertretern* Ich lasse es jetzt hier, aber bleibt alle auf eurem Platz. Ich werde die Einzelnen fragen, was sie erlebt haben, wie es ihnen hier ergangen ist.
zu Inigo Wie ist es dir ergangen?

INIGO Es ging mir gut. Es gibt Schmerz, aber ich habe etwas verstanden. Ich konnte die Gefühle verstehen.

FÜNFTER SPANIER Ich war sehr distanziert und sehr stark. Als ich gesehen habe, dass diese beiden hier *(der fünfte Baske und der vierte Spanier)* zusammengegangen sind, bin ich in mich zusammengefallen. Ich wollte sterben. Ich habe es nicht mehr ausgehalten. Aber ich bin nicht gestorben. Ich musste hierher kommen.

FÜNFTER BASKE Anfangs war ich sehr wütend auf die andere Seite. Meine Beine haben sehr stark gezittert. Das Gefühl war, dass ich keinen Sinn darin sehe. Alle Toten waren gleich. Ich musste auf einen Menschen von der anderen Seite zugehen. Ich habe dann sehr viel Schmerz für die Toten empfunden und ich musste mich zu ihnen knien. Er *(der vierte Spanier)* ist für mich wie ein großer Bruder. Jetzt würde ich mich gerne mit ihm zusammen umdrehen und woanders hingehen.

VIERTER SPANIER Am Anfang war es eine starke Konfrontation. Aber als die Toten hier lagen, war das alles zu Ende. Es war ein großer Schmerz um diese Toten und auch der Wunsch, sich zu vereinen und diesem Absurden ein Ende zu setzen. Als wir *(der fünfte Baske und ich)* zusammengekommen sind, war es zuerst tiefe Trauer und dann eine große Liebe wie zu einem Bruder.

VIERTER BASKE Das alles ist für mich wie ein Alptraum. Ich habe das Gefühl, dass ich gar nicht existiere. Ich habe nicht einmal Verbindung zu den Menschen auf meiner eigenen Seite. Ich bin verrückt und gefangen und möchte eigentlich nur sterben. Ich bin hier mitten drinnen, verstehe aber überhaupt nichts, und ich möchte nur sterben.

DRITTER BASKE Zuerst habe ich ganz viel Hass gegen die andere Seite gespürt. Ich hatte einen ungeheuer starken Wunsch, sie zu töten. Als die Toten hier hereinkamen, war ich nur bei meinen Toten. Die der anderen Seite waren mir vollkommen egal. Ich hatte das Gefühl der Überlegenheit. Ich sah bei ihnen Angst und das gab mir noch mehr Kraft. Jetzt, am Ende, fühle ich mich ruhiger. Das Bild, dass die Toten einander die Hände reichen, gibt mir Ruhe, aber ich möchte die andere Seite *(die Spanier)* weiter weg haben.

DRITTER SPANIER Als ich die Toten gesehen habe, habe ich gesehen, dass alles keinen Sinn hat, und etwas in mir ist auch gestorben. Jetzt hat alles keinen Sinn mehr.

ZWEITER BASKE Am Anfang habe ich einen unglaublichen Hass auf die anderen gespürt. Ich habe sie als die Eindringlinge empfunden, die mein Leben, mein Land, meine Familie, alles zerstört haben. Dann habe ich die Toten gesehen. Ich habe Kontakt mit einem der Toten auf meiner Seite aufgenommen. Ich habe in meinem Inneren einen Schwur geleistet, dass ich etwas tun würde. Dann habe ich auf die andere Seite geschaut und habe gesehen, dass ich sie hätte töten können. Ich fühlte, dass es mir leicht gefallen wäre, sie zu töten. Dann habe ich einen von ihnen angeschaut, der auch mich ständig anschaute, und ich habe in seinen Augen viel Angst gesehen. In dem Augenblick habe ich auch meine eigene Angst entdeckt. Da habe ich mir gedacht, ich könne auch einen anderen Weg probieren. Anstatt weiter zu töten und weiter wegzugehen von ihnen, könnte ich vielleicht auch probieren, auf sie zuzugehen. Ich habe in meinem Inneren gespürt, dass sich etwas vereint hat. In dem Augenblick habe ich auch gefühlt, dass dieser Weg viel reicher, viel besser, viel tiefer für mich selber war. Dieses Gefühl ist immer noch in mir.

ERSTER SPANIER Ich hatte von Anfang an das Bedürfnis, mich zu bewegen. Ich hätte sogar einen Kreis hier um die Toten herum schließen wollen. Ich habe meine Kameraden angeschaut und gesehen, dass sie stillstehen. Dann habe ich diesen Toten auf unserer Seite angesehen *(den zweiten toten Spanier)* und habe sehr viel Liebe zu ihm gespürt. Ich wollte ihn trösten und ihn liebkosen. Dann habe ich den anderen Toten *(den ersten toten Spanier)* gesehen, der sehr unruhig war und die Augen offen gehalten hatte. Auch ihn wollte ich schützen. Andererseits gab es den Mann an meiner Seite *(den zweiten Spanier)*, der sehr traurig war. Und ich habe diesen Basken angeschaut *(den zweiten Basken)*. Wir haben uns in die Augen geschaut und ich wollte, dass er zu uns kommt, dass wir uns vereinen. Aber gleichzeitig konnte ich den Mann an meiner Seite nicht allein lassen. Hier habe ich viel Schmerz gefühlt und, vor allem, das große Bedürfnis zu trösten.

ZWEITER SPANIER Am Anfang habe ich keinen Gegensatz zu den anderen gespürt. Ich wusste nicht, warum ich da stand. Ich habe auch zwischen den Toten auf ihrer und auf unserer Seite nicht unterscheiden können. Ich habe vor allem Schmerz und sehr viel Müdigkeit gespürt. Ich wollte mich in mich selbst einschließen, hier auf den Boden kommen, wie eine Kugel mich zusammenrollen und weinen.

ERSTER BASKE Am Anfang habe ich mich sehr hart gefühlt, sehr gleichgültig und ziemlich steif. Sogar als die Toten kamen, hat mich das nicht sehr berührt. Ich wollte wirklich mich nicht von dort wegbewegen, wo ich war. Dann musste ich einen Weg finden, um weicher zu werden. Die Art, die ich gefunden habe, war, mich dem Toten zu nähern, der am weitesten von mir weg war, den Raum zu durchqueren und zu ihm zu kommen. Dass ich hierher gekommen bin, hat mich etwas weicher gemacht, aber nur etwas.

ERSTER TOTER SPANIER Ich habe das Attentat wieder erlebt, das ich vor zwanzig Jahren erlebte. Ich habe geglaubt, dass mir das Herz aus der Brust springt. Ich war sehr nervös. Ich habe mich von beiden Seiten her sehr begleitet gefühlt. Das ist etwas, was mir zwanzig Jahre lang gefehlt hat. Ich weiß nicht, wer der Tote an meiner Seite ist, aber ich fühle viel Wärme in seiner Hand.

ZWEITER TOTER SPANIER Ich habe mich im Frieden gefühlt, sehr ruhig. Dann habe ich den Schmerz gefühlt, der rundherum war, und schließlich viel Trauer und Tränen wegen all dessen, was ich rundherum wahrnahm.

ZWEITER TOTER BASKE Am Anfang habe ich mich allein gefühlt, gleichgültig , kalt. Als ich Hände an meinem Körper gespürt habe, fühlte ich Wärme und auch Zuneigung. Als ich Weinen hörte, habe ich auch geweint. Ich wäre gerne aufgestanden, hätte alle umarmt und ihnen die Last abgenommen. Als die anderen Toten an meiner Seite mir die Hand gereicht haben, habe ich Kraft gespürt und hatte das Gefühl: Wir werden es schaffen. Dann, als ich alle anderen hier herum reden hörte, habe ich gespürt, dass mein Kiefer zittert, und innerlich habe ich geschrien: Es reicht. Dann bin ich langsam ruhig geworden.

ERSTER TOTER BASKE Ich habe von Anfang an gespürt, dass das alles ein Blödsinn ist. Ich habe den angeschaut, den ich für meinen Vater gehalten habe, und mein Wunsch war, dass sein Hass aufhören würde. Als ich gesehen habe, dass der Hass sehr tief in ihm saß, habe ich gedacht: Okay, das ist sein Problem. Dann habe ich eine andere Person gesehen, von der ich glaube, dass es mein Bruder war, der mit dem Finger auf einen der anderen Seite gezeigt hat. Ich habe innerlich darum gebeten, dass er verstehen möge, dass das nichts anderes sei als das, was er selber hervorruft. Es war für mich eine große Freude, als er zu mir heruntergekommen ist und ich ihn umarmen konnte. Ab dem Augenblick war ich sehr ruhig.

VIERTER SPANIER *der inzwischen seinen Kopf in den Schoß von Inigo gelegt hat* Ich habe gemerkt, dass ich einen Freund gesucht habe, der nicht in diesem Wahnsinn gefangen war, und ich habe ihn gefunden.

INIGO Die beiden Toten auf der Seite der Basken sind Freunde von mir. Mein Blick ist immer zu ihnen gegangen, aber ich konnte sie nicht von den anderen unterscheiden. Als ich zum ersten Mal gesehen habe, dass einer der Männer auf einen anderen mit dem Finger zeigt, habe ich nichts gemacht. Aber als ich dann die neue Situation gesehen habe, in der er wieder mit dem Finger auf jemanden gezeigt hat, habe ich beschlossen einzugreifen. Ich habe begriffen, dass ich sehr leicht etwas tun könnte, damit diese angespannte Situation sich entspannt. Das habe ich getan. Dann, als ich den Mann hier sah *(den fünften Spanier)*, der so verschreckt war und versucht hat, die Leichen auf seiner Seite zu schützen, hat das in mir ein ungeheures Mitgefühl hervorgerufen. Ich habe den Impuls verspürt, ihn zu umarmen. Ich wollte, dass sich die Angst in ihm auf irgendeine Art und Weise auflöst. Ich habe auch das Bedürfnis gehabt, ihn um Verzeihung zu bitten. Ich musste ihm sagen, dass mir das alles sehr Leid tat, was hier vor sich ging. Dann, als ich ihn wieder ansah und sah, dass er meine Zuneigung annimmt, kam in mir ein ganz starkes Gefühl hoch.

HELLINGER *zu den Stellvertretern* Okay, das war's dann. Ich danke euch.

Inigo geht auf Hellinger zu und umarmt ihn.

HELLINGER *zur Gruppe* Ich schlage jetzt eine kleine Übung vor. Macht mal die Augen zu. – Mein Vorschlag ist, dass ihr zu denen geht, die ihr fürchtet, ihnen in die Augen schaut, bis ihr sie wirklich seht – bis ihr in ihr Herz seht –, und ihr öffnet eure Augen für sie, so dass auch sie in eure Seele schauen dürfen. – In der Tiefe gibt es eine merkwürdige Erfahrung – was ist wirklich groß? – Nur eines, das, was uns allen anderen Menschen gleichmacht. Es ist das Größte überhaupt. Alles andere macht uns kleiner, alles andere zerstört, was menschlich ist. – Dann schaut auf die Toten der einen und der anderen Seite. – Sie sind alle gleich. – Und alle, die siegen, werden genauso gleich wie sie. Was soll dann der Krieg? Was einmal wird, kann jetzt schon sein. – – – Jetzt kommt langsam zurück.

Die Demut*

Frieden gibt es nur mit Demut. Der Krieg und der Streit entstehen, wo einer sich besser fühlt als andere, wo er sich wichtiger nimmt als die anderen. Frieden entsteht, wenn beide auf die gleiche Ebene kommen und sich als Menschen begegnen, die gleich sind, obwohl verschieden.

Das beginnt bei Mann und Frau. Sie sind verschieden und dennoch ebenbürtig. Wenn der Mann denkt, er sei besser als die Frau, oder wenn die Frau denkt, sie sei besser als der Mann, ist die Beziehung gefährdet. Obwohl sie verschieden sind, müssen beide anerkennen, dass der andere, obwohl er anders ist, gleich-wertig ist. Das setzt sich fort, wenn ein Paar heiratet. Dann muss der Mann anerkennen, dass die Familie der Frau, obwohl sie vielleicht ganz anders ist als seine eigene Familie, gleichwertig ist, ebenbürtig, genauso gut wie seine eigene. Und natürlich muss die Frau umgekehrt anerkennen, dass die Familie des Mannes, obwohl vielleicht verschieden,

*Am nächsten Tag

gleichwertig ist und ebenbürtig. Beide müssen also etwas aufgeben, von dem sie denken, dass es besser sei.

Dieses Anerkennen des Verschiedenen als ebenbürtig ist demütig. Wie tief das gehen muss, zeigt sich, wenn es um den Glauben geht, wenn die eigene Familie einem anderen Glauben anhängt als die Familie des Partners. Wenn die eine Familie katholisch ist und die andere protestantisch, oder wenn die eine christlich ist und die andere jüdisch oder mohammedanisch, dann sieht man, was es dem Einzelnen abverlangt, wenn er das Unterschiedliche als ebenbürtig und gleichwertig anerkennt. Das heißt zuletzt, dass jeder auf seinen Gott verzichtet, dass beide auf ihre Götter verzichten und sich etwas Größerem unterwerfen, das jenseits dieser Götter erahnt wird. Das ist Demut.

Viele blasen sich auf, indem sie sich auf ihren Gott berufen, als würde er ihnen gehören. Auf diese Überheblichkeit zu verzichten und all das Verschiedene und die verschiedenen Wege zum Religiösen hin als gleichwertig oder als vorläufig oder sogar als unbedeutend anzuerkennen, das ist Demut.

Ich möchte jetzt jene, mit denen ich gestern gearbeitet habe, fragen, wie es ihnen heute geht, welche Bewegungen in ihnen begonnen haben, so dass wir daran Anteil haben können vielleicht.

INIGO Ich habe gestern, bei dieser Arbeit, die Toten geehrt. Jetzt taucht für mich eine zweite Frage auf. Ich habe mich meinem Bruder entgegengestellt und er, wahrscheinlich aufgrund des Stillschweigens über so viele Jahre hinweg, hat es nicht als Achtung aufgefasst, sondern er hat uns alle noch viel mehr verachtet. In dieser persönlichen Verachtung mir gegenüber hat er auch meine Ausbildung und meinen Beruf herabgesetzt. Und ich, vielleicht in arroganter Weise, wie du sagst, habe eine unbewusste Strategie in ihm aufgedeckt, die aber nicht nur etwas mit mir zu tun hat, sondern mit der ganzen Situation in diesem Land. Dort geht es darum, dass Liebe und Achtung gesucht werden, indem anderen Schmerz und Leid zugefügt werden. Nun ist es so, dass ich mich von ihm verabschiedet habe, dass ich gesagt habe, ich kann nicht jemandem begegnen, der mich herabsetzt, aber ich kann auch nicht damit weitermachen, dass er mich angreift. Aber ich liebe meinen Bruder.

HELLINGER Ich möchte etwas dazu sagen. Es gibt die Erfahrung, dass die größte Wirkung von denen ausgeht, die einen starken Impuls haben zu handeln, etwas in Ordnung zu bringen, und die dennoch nicht handeln, die stille bleiben, ganz bei sich. In dem Augenblick vertrauen sie einer größeren Kraft und vertrauen einer Bewegung der Seele, die zu ihrer Zeit die Lösung ermöglicht. Das ist noch mal eine andere Seite der Demut.

Auf diese Weise beginnt jemand eine innere Reinigung, eine Läuterung. Dann wirkt er, einfach indem er da ist, ohne zu handeln. Er wird in keine Bewegung eingreifen, die sich entwickelt. Wenn dann am Ende etwas Gutes herauskommt, ist es nicht seines, und doch ist er daran beteiligt.

Die Versöhnung*

FRAGE Dieses Seminar am Wochenende hat mehrmals das Thema der politischen Konflikte und des Friedens berührt. Ich würde gerne hier mit dem Baskenland beginnen und einige Punkte ansprechen. Im Baskenland gibt es jetzt gerade eine Phase, in der die verschiedenen Seiten sich sehr radikalisieren. Es gibt auf der einen Seite jene, die denken, dass das Land unabhängig sein sollte, und es gibt andere, die meinen, dass es nicht so sein sollte. Also, hier sind offensichtlich Kräfte am Werk, die über jede Vernunft hinausgehen. Ich wäre dir dankbar, wenn du etwas über deine Meinung darüber sagen könntest, welche systemischen Kräfte hier am Werk sind.

*Interview im Anschluss an den Kurs im Baskenland

HELLINGER Wo sich etwas so radikalisiert, wie das hier zu sein scheint, sind die, die kämpfen, im Grunde Kinder. Also, der Affekt, den sie zeigen, hat die Unvernunft eines Kindes und auch die Blindheit eines Kindes. Genau genommen, so ist mein Bild, ist es so, dass sie meinen, sie helfen ihrer Mutter. Die Sache, der sie dienen, oder der sie zu dienen meinen, hat etwas Mütterliches. Denn die Nation oder auch das Land, dem man angehört, hat in der Seele das Bild der Mutter. Deswegen ist der Affekt auf der einen Seite so heftig und auf der anderen so blind. Man kann dem nicht begegnen mit Vernunft. Es ist ja gegen alle Vernunft. Die Frage ist: Wie kann man damit umgehen?

Die geschichtliche Erfahrung zeigt, dass in solchen Konflikten der Friede erst möglich wird, wenn beide Seiten ohnmächtig geworden sind, wenn sie nicht mehr können. Es ist dann die Ohnmacht, die Frieden stiftet. Dieser Krieg hört auf, in der Regel, wenn beide Seiten nicht mehr können. Solange einer noch kann, gibt es keinen Frieden. Nicht wo es um einen Kampf geht, der so unvernünftig ist wie dieser. Man sollte sich daher keinerlei Illusionen hingeben, dass dieser Konflikt schnell oder leicht gelöst werden kann.

Die Lösung besteht nach meinem Bild darin, dass sich in kleinen Gruppen ein Dialog entwickelt, ein Gespräch, so ähnlich, wie wir das hier bei der ersten Aufstellung in dem Kurs gesehen haben. Dass sich die beiden Seiten gegenüberstehen und dann auf etwas schauen, was zwischen ihnen liegt: in diesem Fall die Toten, die es gekostet hat. Im Blick auf die Toten wird deutlich, wie unsinnig dieser Kampf ist, und dass die Toten zuerst bereit sind, zusammenzubleiben. Die sind nämlich dort angelangt, wo sie keine Macht mehr haben, wo beide einer größeren Ordnung unterworfen sind, die sie auf die gleiche Ebene bringt. Das, was sie vorher angetrieben hat zu kämpfen, hat keine Bedeutung mehr. Wenn das am Beispiel der Toten bewusst wird, der toten Täter und der toten Opfer, dann greifen sich die Lebenden an den Kopf und fragen: Was machen wir eigentlich? Dann kommt von Seiten der Toten der Anstoß und auch die Kraft zum Frieden.

Nun ist es aber so, dass die Lebenden meinen, sie rächen die Toten. Sie haben also die Vorstellung, dass sie es den Toten schulden, dass sie weiterkämpfen. Hier zeigt sich wieder ihre Verblendung. Wenn aber im Blick auf die Toten einmal wirklich erlebt wird, was zwischen Opfern und Tätern passiert, sobald sie tot sind, zum Beispiel bei einer Aufstellung, dann kann vielleicht die Einsicht obsiegen.

FRAGE Das, was du jetzt sagst, ist gerade das, was hier vor sich geht. Es gibt ganz viele Attentate und die Begräbnisse sind dann nur eine Gelegenheit, um die eigenen Ideen und die eigenen Überzeugungen wieder zu bekräftigen. Wie könnte deiner Meinung nach die richtige Haltung aussehen angesichts der Toten auf der einen Seite und auf der anderen Seite, damit dieser Tod zum Frieden führt und nicht zu neuer Gewalt?

HELLINGER Ich möchte zuvor noch auf etwas anderes kommen. Wer einen Mord begangen hat, mordet weiter. Er kann nicht mehr zurück. Das ist das Schlimme dabei. Wer einmal ein Attentat verübt hat, der hat seine Seele verloren. Der hat auch seine Vernunft verloren. Die Frage ist: Wie verhindert man den Anfang? Sobald das mal angefangen hat, morden die, die gemordet haben, weiter.

Es gibt von Rilke einen Satz über die Dichter. Er sagt: Ein Dichter, der einmal von der Wahrheit abgewichen ist, kann nicht mehr zurück. Um wie viel mehr gilt das für Menschen, die andere unter solchen Umständen ermordet haben. Wenn einer im Affekt jemanden umbringt oder aus Eifersucht, dann ist Reue möglich. Wenn einer wegen einer Ideologie jemanden umbringt, dann überhebt er sich über den anderen und richtet über ihn wie Gott, als hätte er das Recht dazu. Der weicht so sehr von seiner inneren Wahrheit ab, von der menschlichen Wahrheit, dass er, in der Regel, nicht mehr zurückkann.

Wenn man das rüberbringen könnte, was eigentlich in dem passiert, der auf diese Weise mordet, was der mit seiner Seele macht, und nicht nur mit seiner Seele, wie der damit auch seine Umgebung vergiftet, dann würde das vielleicht dazu beitragen, jene, die in den Sog dieser Gewalt zu geraten drohen, zur Besinnung zu bringen. Denn die Attentate, die da verübt werden, sind ja das Unmenschlichste, was es gibt, ohne jedes menschliche Gefühl.

Was bei diesen Begräbnissen von Tätern passiert, die bei ihren eigenen Attentatsversuchen ums Leben kamen, um die sich dann eine große Menge versammelt, die sie hochhält, und wenn diese Täter auch noch zu Ehrenbürgern ihrer Stadt gemacht werden, breitet sich der Hass immer weiter aus. Denn in ihrer inneren Haltung werden die Beteiligten den Mördern gleich und das Unheil nimmt seinen Lauf, bis noch mehr zerstört ist.

Wir dürfen daher nicht meinen, dass wir das aufhalten können, dass der Einzelne das aufhalten kann. Was der Einzelne tun kann, ist, dass er sich innerhalb dieses Feldes vorsichtig bewegt und in dem kleinen Kreis, in dem er Einfluss hat, in seinem eigenen Herzen, in der Familie, soweit es geht – oft ist ja die Familie selbst gespalten –, oder im engen Kreis von Freunden das Menschliche hochhält, für sich zumindest, und dass er darauf vertraut, dass von da, von dieser kleinen Zelle her, im Lauf der Zeit etwas Versöhnendes ausstrahlt.

Ich habe wunderschöne Beispiele darüber aus dem Kosovo gehört, wo es ja noch die Blutrache gab. Aus einer Familie, in der jemand ermordet wurde und die sich jetzt verpflichtet fühlte, auch jemanden aus der anderen Familie zu ermorden aus Rache, sind Abgesandte aus dieser Familie zu der anderen hingegangen und haben mit ihr besprochen, wie sie dem gegenseitigen Morden ein Ende setzen können. Die Weise, wie sie vorgegangen sind, diese Vorsicht, dieses ganz langsame Sich-Herantasten, hat mich zutiefst beeindruckt. Aus der Einsicht in das Vergebliche des gegenseitigen Mordens entstand eine Bewegung, die genau dem entsprach, was diese Gruppe brauchte, damit es zwischen ihnen Versöhnung und Frieden gab.

Diese Bewegung erfasste nur einen kleinen Kreis. Aber sie ist ein Beispiel dafür, wie nach langer Zeit etwas gelang, das zur gegenseitigen Anerkennung und zum Frieden führte. Ein Beispiel dafür, wie das Menschliche wieder um sich greifen kann.

Wenn man bedenkt, wie viel Blut in Europa geflossen ist, bis wir zu einer Ordnung gekommen sind, in der man sich einigt mit gegenseitigem Respekt, dann sieht man, wie viel Blut es kosten kann, bevor Frieden möglich ist.

Doch was ist mit denen, deren Blut geflossen ist: Sind die der Preis für dieses Ergebnis? Es wäre schlimm, wenn man das annehmen müsste. Ich denke zum Beispiel an den spanischen Bürgerkrieg – wie viele da umgekommen sind. Waren das nur Opfer, oder haben sie durch die Weise, wie sie dem Schicksal ausgeliefert waren, auch innerlich etwas vollendet, etwas Wertvolles? Das ist es, was mich oft bewegt.

Oder wenn ich an den letzten Krieg denke, also an alle, die da gefallen sind und an die, die ermordet wurden im Holocaust und in anderen schrecklichen Massakern, sind die jetzt arm, verglichen mit denen, die überlebt haben? Das ist für mich nicht vorstellbar. Auch deren Schicksal hat Größe, aber anders, als wir uns das menschliche Leben sonst vorstellen.

Das kann man nur verstehen, wenn man es in einem größeren Zusammenhang sieht. Frieden gibt es endlich unter den Toten, und zwar nicht einfach, weil sie tot sind, sondern weil sie aufgefangen werden von etwas Großem, und zwar von dem Großen, aus dem sie aufgestiegen sind. Das Leben steigt aus diesem Großen auf und sinkt in es zurück. Das Leben fügt dem, was vorher da war, nichts hinzu. Es ist eine Zwischenphase. Wer wieder zurücksinkt, ist in der Fülle. Das Leben steigt auf aus einer Fülle und sinkt in die gleiche Fülle zurück. Wer früh gestorben ist, hat nichts versäumt, und wer später zurücksinkt, hat nichts hinzugewonnen. Also, das Bestreben, etwas zu erhalten, zum Beispiel die Natur oder die Umgebung oder eine Art erhalten, die vom Aussterben bedroht ist, geht davon aus, dass etwas unwiederbringlich verloren ist. Aber wenn eine Art ausstirbt, ist sie nicht verloren. Dem Urgrund geht nichts verloren. In ihm bleibt alles erhalten. In diesem Zusammenhang dürfen wir auch die Opfer sehen, die scheinbar der Preis für den Frieden waren.

Wie nun könnte ein Begräbnis aussehen, das dem Frieden dient? Man senkt die Toten hinab in den Urgrund, und zwar zusammen, Täter und Opfer. Man müsste sie gemeinsam begraben, Freund und Feind.

DAS JUDENTUM IN UNSERER SEELE

Seele heißt hier: die Seele der Christen und die Seele der Deutschen. Beides gehört zwar weitgehend zusammen, aber angesichts der Leiden des jüdischen Volkes während der deutschen nationalsozialistischen Herrschaft werde ich die Auswirkungen dieses Ereignisses in den Seelen der Deutschen eigens zur Sprache bringen.

Auserwählte und Verworfene

In der Seele von Christen und Juden nimmt das Bild der Auserwählung durch Gott einen zentralen Platz ein. Die Christen haben dieses Bild von den Juden übernommen, sich dann als das neue auserwählte Volk bezeichnet, und als Folge davon haben sie das jüdische Volk als von Gott verlassen und verworfen betrachtet. Das Bild der Auserwählung unterstellt also Gott, dass er das eine Volk bevorzugt, es über andere Völker erhebt und ihm die Herrschaft über sie im Namen Gottes überträgt.

Wie kommt ein solches Bild von Gott in unsere Seele? Dürfen wir hier überhaupt von Gott sprechen? Denn dieser Gott, der auserwählt und verwirft, macht Angst, denn auch die Auserwählten müssen fürchten, dass er sie jederzeit verstoßen kann. Diese Bilder kommen aus der Tiefe der Seele, und zwar zuerst aus der eigenen Seele und dann aus den Abgründen einer Seele, die einer größeren Gruppe gemeinsam ist. Aus dieser gemeinsamen Seele steigen die Bilder von Erwählung und Verwerfung auf, werden in den Himmel gestellt und dort als etwas über uns, als etwas Göttliches angeschaut und gefürchtet. Die sich auserwählt fühlen, identifizieren sich dabei mit dem Gott, der auserwählt und verwirft, wählen selber aus und verwerfen und werden so für andere, die sie für verworfen halten, furchtbar.

Was aber, wenn auch andere Gruppen und andere Völker nach gleichen inneren Bildern handeln? Das Ergebnis sehen wir an den Religionskriegen. Dabei nehmen diese Gruppen weder sich noch die anderen als einzelne Menschen wahr. Beide Seiten handeln dann wie von einem kollektiven Wahn besessen.

In der Seele der Christen kommt hinzu, dass sie, wie die Juden, an den gleichen Gott glauben, dass sie also auch im Namen des Gottes der Juden das jüdische Volk als von Gott verstoßen und seiner Rechte vor Gott beraubt betrachteten. Welche schrecklichen Ausmaße das annehmen konnte, zeigte in unserer Zeit der Versuch der Nationalsozialisten, das jüdische Volk als Ganzes zu vernichten.

Man könnte hier einwenden, dass die nationalsozialistischen Führer und die nationalsozialistische Bewegung keineswegs christlich waren. Wir dürfen uns hier aber nicht blenden lassen, denn vom Bewusstsein der Auserwählung her trug diese Bewegung wesentlich christliche Züge. Der Führer fühlte sich von der Vorsehung berufen, das neue auserwählte Volk – hier unter dem Bild der Herrenrasse – zur Weltherrschaft zu führen und auf dem Weg dorthin das ältere auserwählte Volk zu vernichten. So verzerrt und blind es uns heute auch erscheinen mag, die nationalsozialistische Bewegung und mit ihr weite Teile des deutschen Volkes zogen die Energie für den Zweiten Weltkrieg weitgehend aus diesem Sendungsbewusstsein, und die Gräuel, die sie dabei verübten, standen quasi im Dienst eines göttlichen Strafgerichts.

Dass dieses Sendungsbewusstsein mit dem Zusammenbruch des Dritten Reiches noch nicht überwunden ist, sehen wir bei den späteren linksradikalen und rechtsradikalen Gruppen. Sie zeigen ein ähnliches Sendungsbewusstsein und, als Folge davon, oft eine blinde Gewaltbereitschaft gegen andere Gruppen.

Jesus und der Christus

Dennoch lässt sich aus dem Gegensatz des alten und des neuen auserwählten Volkes allein die Abneigung vieler Christen gegenüber den Juden und die Grausamkeit der Pogrome und der Vertreibungen noch nicht erklären. Sie hat noch eine andere Wurzel, und diese scheint mir die bedeutsamste zu sein. Sie hat etwas zu tun mit dem unversöhnlichen Gegensatz zwischen dem Menschen Jesus von Nazareth und dem Glauben an seine Auferstehung und seine Erhöhung zur Rechten Gottes.

Der Mensch Jesus tritt bei den ersten Christen sehr bald in den Hintergrund. Sein Bild wird durch das Bild des erhöhten Christus überlagert und unkenntlich gemacht. Damit verdrängen die Christen die schmerzliche Wirklichkeit, dass Jesus sich am Kreuz von Gott verlassen sah. Der Gott, an den er geglaubt hatte, zeigte sich nicht.

Elie Wiesel, der bedeutende jüdische Schriftsteller, berichtet, wie in einem Konzentrationslager ein Kind öffentlich erhängt wurde. Angesichts dieses Grauens fragte jemand: »Wo bleibt hier Gott?« Elie Wiesel gab ihm zur Antwort: »Da hängt er.«

Als Jesus am Kreuz mit lauter Stimme schrie: »Mein Gott, mein Gott, warum hast du mich verlassen?«, hätte auch jemand fragen können: »Wo bleibt hier Gott?« Und die Antwort wäre die Gleiche gewesen: »Da hängt er.«

Die Jünger konnten die Wirklichkeit des von seinem Gott verlassenen Jesus nicht aushalten. Sie sind ihr entflohen durch den Glauben an seine Auferstehung und durch den Glauben, dass er nun zur Rechten Gottes sitzt und kommen wird zu richten die Lebenden und die Toten. Doch der Mensch Jesus und sein menschliches Schicksal sind mit dem Glauben an die Auferstehung nicht aus der Welt geschafft. Er begegnet uns wieder im Bild der Juden. Das Judentum in der Seele der Christen steht daher in erster Linie für den Menschen Jesus, den die Christen durch den Glauben an seine Auferstehung von den Toten und an seine Erhöhung zur Rechten des Vaters nicht mehr anzuschauen wagten. Dem von Gott verlassenen Jesus zu begegnen, das macht den Christen Angst. Und es macht sie böse. Und so wenden sie sich in den Juden gegen den Jesus, der ihnen Angst macht, und gegen den Gott Jesu und der Juden, der ihnen Angst macht. Das ist mein Bild, wenn ich beobachte, was in den Seelen vieler Christen vor sich geht. Ich bringe dazu ein Beispiel.

In einem gruppendynamischen Kurs für sehr engagierte Christen – sie waren alle Theologen und standen hauptamtlich im Dienst ihrer Kirchen – schlug der Gruppenleiter unvermittelt vor: Wir könnten doch einen leeren Stuhl in unsere Mitte stellen, uns vorstellen, Jesus sitzt auf diesem Stuhl, und jeder kann ihm etwas sagen. Sofort stellte einer einen Stuhl in die Mitte, und die Teilnehmer begannen zu Jesus zu reden. Es war unglaublich, welcher Hass auf Jesus plötzlich aus ihnen herausbrach. Einer der Teilnehmer lief sogar in die Küche, kam mit einem Messer in der Hand zurück und stach auf den Stuhl ein. Am Ende waren alle erschüttert, was plötzlich aus der Tiefe ihrer Seele ans Licht kam, und sie schämten sich sehr. Der Gruppenleiter aber, dem die engagierten Christen vorher das Christsein abgesprochen hatten, sagte: »Ich finde keine Schuld an ihm.«

Wenn ich die Bilder der Juden während ihrer Verfolgung im Dritten Reich auf mich wirken lasse, wie sie zusammengetrieben und in den Tod geschickt wurden und wie sich fügten ohne Gegenwehr, sanft und ergeben, sehe ich in ihnen Jesus: den Menschen Jesus und den Juden Jesus. So kamen die Opfer des Holocaust in auffallender Weise in eine Rolle gegenüber den Christen, in der die Christen Jesus gegenüber den Juden sahen. Sie verkörperten als Volk und in ihrem Verhalten und in ihrem Schicksal das Verhalten und das Schicksal, in dem die Christen Jesus vor dem Hohen Rat und vor Pilatus sahen. Nur waren jetzt die Christen die Schergen und die Juden jene, die die Züge Jesu trugen.

Der gleiche Gott

Ich komme jetzt zurück auf die Vorstellung der Auserwählung durch Gott und möchte im Gegensatz dazu etwas sagen über die Anfänge der Religion in der Seele: Was also in der Seele von Christen vor sich geht, wenn sie Christen werden, und in der Seele von Juden, wenn sie Juden werden.

Ein Kind wird hineingeboren in eine bestimmte Familie. Es hat bestimmte Eltern, und es hat diese Eltern in einer bestimmten Sippe, in einer bestimmten Kultur, in einem bestimmten Volk, in einer bestimmten Religion. Das Kind kann hier nicht wählen.

Wenn das Kind das Leben nimmt, wie es ihm zukommt, ohne jede Frage, wenn es sein Leben nimmt, mit allem, was es in dieser Familie mit sich bringt an Schicksal, an Möglichkeiten und Grenzen, an Freud und Leid, dann öffnet es sich nicht nur seinen Eltern, nicht nur diesem bestimmten Volk, nicht nur dieser bestimmten Kultur, nicht nur dieser bestimmten Religion: Es öffnet sich für Gott und für das, was wir hinter diesem Namen erahnen. Daher ist das Nehmen des Lebens auf diese besondere Weise ein religiöser Vollzug, ja, es ist der eigentliche religiöse Vollzug.

Wer also hineingeboren wurde in eine jüdische Familie, der kann nicht anders und der darf auch nicht anders, als seinen Weg zu Gott auf jüdische Weise zu beginnen. Es ist für ihn der einzig mögliche Weg und daher auch der einzig richtige. Für einen Christen gilt das Gleiche. Sosehr sich daher auch Christen und Juden in ihren Glaubensvorstellungen unterscheiden, mit Bezug auf den wesentlichen religiösen Vollzug sind sie einander gleich. Dieser Vollzug ist unabhängig von den Inhalten ihrer Religion und kann und darf daher auch niemals aufgegeben werden, wenn sich jemand später einer anderen Religion anschließt. Ich erläutere das an einem Beispiel.

In einem Kurs suchte ein junger Mann Hilfe, weil er sich vom Leben abgeschnitten fühlte. Es kam ans Licht, dass sein

Großvater ein getaufter Jude war. Er selbst fühlte sich nicht als Jude, sondern als Christ. Als wir seine Familie aufstellten, habe ich neben seinen Großvater fünf Stellvertreter für die Opfer des Holocaust gestellt. Der Großvater legte spontan seinen Kopf auf die Schulter des Opfers neben ihm und sagte nach einer Weile: »Hier ist mein Platz«. Als der junge Mann aufgefordert wurde, dem Großvater zu sagen »Ich bin auch ein Jude« und »Ich bleibe ein Jude«, konnte er das nur unter großen Ängsten und mit Zittern tun. Doch als es ihm gelang, fühlte er zum ersten Mal sein Gewicht.

Was war hier wirklich religiös? War es sein Bekenntnis zum Christentum oder die Rückkehr zu seinen jüdischen Wurzeln? Der grundlegende religiöse Vollzug war hier sein Bekenntnis »Ich bin ein Jude« und »Ich bleibe ein Jude«.

Ein Baum kann sich den Ort nicht aussuchen, auf dem er wächst. Doch der Ort, auf den sein Samen fiel, ist für ihn richtig. Das gilt auch für uns. Für jeden Menschen ist der Ort seiner Eltern der einzig mögliche und daher richtig. Und für jeden Menschen sind das Volk, dem er angehört, und seine Sprache, seine Rasse, seine Religion, seine Kultur die einzig möglichen und daher für ihn richtig. Wenn jeder einzelne Mensch dem zustimmt in dem wesentlichen Sinn, dass er es von etwas Größerem, das ihn und alle anderen Menschen übersteigt, demütig nimmt und sich an seinem Platz und seinen Möglichkeiten gemäß entfaltet, weiß er sich mit allen anderen Menschen gleich. Gleichzeitig erkennt er an, dass dieses Größere, wie immer wir es auch nennen, allen in gleicher Weise gebend zugewandt sein muss, und daher alle, so unterschiedlich sie auch sein mögen, vor diesem Größeren gleich sind.

Deutsche und Juden

Vor diesem Hintergrund stellt sich die Frage: Wie können die Christen und, vor allem, die Deutschen mit ihrer Schuld gegenüber den Juden umgehen? Was können und müssen sie tun, um diese Schuld zu überwinden und den Juden den Platz in ihrer Mitte zu geben, der ihnen gebührt? Und wie können die Juden mit der Schuld der Christen und der Deutschen ihnen gegenüber umgehen?

Was kann hier zur Versöhnung führen? Und kann es im Angesicht einer solchen Schuld überhaupt Versöhnung geben?

Ich habe in einigen Kursen Erfahrungen gesammelt, wie es vielleicht zur Versöhnung zwischen Tätern und Opfern kommen kann und im weiteren Sinne zwischen Juden und Deutschen. Einschneidend für mich war ein Erlebnis in einem Kurs in Bern, als ein Mann seine Gegenwartsfamilie aufstellte und anschließend sagte, er müsse noch etwas Wichtiges nachtragen: Er sei Jude. Daraufhin habe ich vor seine Familie sieben Stellvertreter für die toten Opfer des Holocaust gestellt und, hinter diese, sieben Vertreter für die toten Täter. Die sieben Stellvertreter der Opfer habe ich gebeten, sich umzudrehen und den Tätern in die Augen zu schauen. Danach habe ich nichts mehr gemacht, sondern sie ganz ihrer Bewegung überlassen, so, wie sie sich von selbst ergab.

Einige der Täter brachen zusammen, krümmten sich auf dem Boden, schluchzten laut vor Schmerz und vor Scham. Die Opfer haben sich den Tätern zugewandt, haben ihnen in die Augen geschaut, haben jene, die am Boden lagen, aufgehoben, sie in ihre Arme geschlossen und getröstet. Am Ende entstand zwischen ihnen eine unbeschreibliche Liebe. Einer der Täter jedoch war ganz starr, er konnte sich überhaupt nicht rühren. Dann habe ich hinter ihn den »Täter hinter den Tätern« gestellt. An den hat er sich angelehnt und konnte sich etwas entspannen. Dieser Stellvertreter hat nachher gesagt, er fühlte sich wie der Finger an einer riesigen Hand, völlig ausgeliefert. Das war auch die Erfahrung der anderen in dieser Aufstellung. Alle, Opfer und Täter, fühlten sich von einer höheren Macht sowohl gesteuert wie getragen, einer Macht, deren Wirken wir nicht durchschauen.

Anschließend habe ich alle Beteiligten gebeten, mir einen Bericht darüber zu schicken, was sie in der Aufstellung erlebt hatten. Ein Stellvertreter der Täter schrieb mir:

»Als du uns sieben Männer hinter die sieben Opfer gestellt hattest, überfiel mich ein sehr ungutes Gefühl. Ich ahnte und spürte Schlimmes, obwohl mir noch nicht klar war, wen wir zu repräsentieren hatten. Als du dann sagtest, dies seien die Täter, lief mir ein kalter Schauer über den Rücken. Als sich dann die Opfer umdrehten und ich meinem Gegenüber in die Augen schaute, floss alle Energie aus meinem Körper. Ich habe mich in meinem Leben noch nie dermaßen geschämt. Ich schaute ihn nur an, wurde immer kleiner, und er wurde immer größer. Am liebsten wäre ich tief in den Erdboden verschwunden, am besten in ein Mauseloch, ganz tief in die Erde. In mir schrie es ständig Nein, Nein, Nein, das darf nicht wahr sein. Ich spürte das Bedürfnis, mich zu entschuldigen. Gleichzeitig sagte eine Stimme in mir: Da gibt es nichts zu entschuldigen, nichts zu beschönigen, das musst du selber tragen. Das einzige Wort, das ich über die Lippen brachte, war ein ›Bitte‹, worauf mein Opfer mich in die Arme nahm. Ohne seine Unterstützung wäre ich zu Boden gefallen vor Scham. In seinen Armen sagte es ständig in mir: Das habe ich nicht verdient; ich habe gar nicht verdient, von ihm gehalten zu werden. Glücklicherweise flossen die Tränen aus mir, sonst wäre das Ganze nicht mehr auszuhalten gewesen.

Nachdem mich mein Opfer wieder losgelassen hatte, ging es mir etwas besser. Ich fühlte den Boden wieder schwach unter meinen Füßen und konnte ein bisschen freier atmen. Gleichzeitig wusste ich auch: Er war nur das erste Opfer, da sind noch ganz viele andere Opfer, die ich auf dem Gewissen hatte, nicht nur zwei, drei, nein, Dutzende oder gar Hunderte. Ich hatte dann auch das starke Bedürfnis, jedem einzelnen von diesen Opfern in die Augen zu schauen, um so zu meinem inneren Frieden zu gelangen.

Als du dann den Obertäter hinter uns gestellt hast, war mir

sofort ganz klar: Ich habe die Verantwortung für das, was ich getan habe, ganz allein zu tragen. Es gab für mich keine Entlastung durch diesen Täter hinter den Tätern. Ich hatte auch das starke Gefühl, dass es viel besser gewesen wäre, auf der anderen Seite zu stehen und mir diese Wahnsinnsschuld nicht aufzuladen.

Mein Bedürfnis, dem nächsten Opfer in die Augen zu schauen, wurde immer größer. Doch der nächste Blickkontakt ließ mich dann tatsächlich zu Boden sinken. Ich konnte mich nicht mehr auf den Beinen halten und weinte am Boden bitterlich. Ich war völlig weg. Deine ferne Stimme ›Jetzt kommt ihr wieder langsam zurück‹ nahm ich nur schwach, von ganz weit weg wahr, und das anschließende Zurückkommen ging nur sehr langsam vor sich. Zu viel war für mich noch unerledigt, zu viele Opfer noch nicht angeschaut. Es war in mir weiterhin der starke Impuls, noch mehr Unerledigtes in Ordnung zu bringen.

Nach der Aufstellung brauchte ich mindestens eine Stunde, um wieder ganz bei mir zu sein und wieder meine vollen Kräfte zu spüren.

Für mich war es tatsächlich eine der schwersten Rollen, die ich beim Familien-Stellen erlebt habe. Seltsam auch, wie zum Teil glasklare Gedanken in mein Bewusstsein traten, beispielsweise, dass es nie möglich ist, die Verantwortung für das eigene Handeln auf andere abzuschieben, auch wenn ich nur ein kleines Rädchen in der Maschinerie war. Nach so einer Erfahrung weiß man es einfach, es gibt nichts mehr zu diskutieren, zu argumentieren oder zu erklären. Es ist einfach so.«

Soweit dieser Bericht.

In so einer Aufstellung wird auch deutlich: Es gibt keine Gruppe in dem Sinne, dass hier die Opfer und dort die Täter sind. Es gibt nur die einzelnen Opfer und die einzelnen Täter. Jeder einzelne Täter hat sich jedem einzelnen Opfer zu stellen, und jedes einzelne Opfer hat sich jedem einzelnen Täter zu stellen.

Und es wird deutlich: Es gibt keinen Frieden für die toten Opfer, wenn nicht auch die toten Täter neben ihnen Platz genommen haben, wenn die toten Täter nicht von den Opfern aufgenommen sind. Und es gibt keinen Frieden für die Täter, solange sie sich nicht auch neben die toten Opfer gelegt haben und ihnen gleich geworden sind.

Wo das nicht geschieht und wo wir das nicht zulassen, werden die Täter später von Nachkommen vertreten. Solange, zum Beispiel, die Täter des letzten Krieges in der Seele der Deutschen keinen Platz bekommen, werden sie unter anderem von Rechtsradikalen vertreten. Auch habe ich bei Aufstellungen von Nachkommen jüdischer Opfer gesehen, dass in vielen jüdischen Familien ein Kind einen Täter vertritt. Wir kommen also nicht um die Versöhnung auch mit den Tätern herum.

Bei dieser Aufstellung wurde auch deutlich: Gelöst wird eine Verstrickung nur zwischen denen, die es betrifft, also zwischen diesem Täter und diesem Opfer. Keiner kann und darf es an ihrer Stelle übernehmen, als hätte er ein Recht oder den Auftrag oder die Kraft dazu. Deswegen wollten in dieser Aufstellung die Vertreter der toten Opfer und der toten Täter auch nicht, dass sich die Lebenden einmischen. Sie sollten sich fern halten. Die Toten wollten auch, dass das Leben weitergeht, dass es nicht durch die Erinnerung an sie eingeschränkt oder verkürzt werde. Aus der Sicht dieser Toten waren die Lebenden für das Leben frei.

Ich stelle mir in diesem Zusammenhang vor, welche Wirkung es in der Seele der Christen hätte, wenn sie sich vorstellten, dass auch der tote Jesus im Totenreich denen begegnet, die ihn verraten, verurteilt und hingerichtet haben. Wenn wir auch sie im Angesicht der Mächte, die ihr Schicksal lenkt, als Menschen sehen, die gleich sind. Dann geben wir ihnen allen, so anstößig das auch für viele klingen mag, die Ehre. Vor allem geben wir dieser größeren Macht die Ehre, die hinter ihnen und hinter uns ein unergründliches Geheimnis bleibt. Sich diesem Geheimnis auf diese Weise zu unterwerfen, das wäre wahrhaft religiös – und menschlich.

Ich habe in diesem Zusammenhang eine Übung mit einer Jüdin gemacht, in deren Familie viele umgekommen waren. Sie fühlte sich berufen, Lebende und Tote zu versöhnen. Ich habe sie die Augen schließen lassen. Dann ging sie in ihrer Vorstellung ins Reich der Toten, stand mitten unter den sechs Millionen Opfern des Holocaust, schaute nach vorn, nach hinten, nach rechts, nach links. Und am Rande von all diesen sechs Millionen Toten lagen die toten Täter. Dann haben sie sich alle aufgerichtet, die toten Opfer und die toten Täter, haben sich dem Horizont nach Osten hin zugewandt, sahen dort ein weißes Licht und haben sich vor diesem Licht tief verneigt. Dann, als auch sie sich mit all den Toten vor diesem Licht verneigt hat, zieht sie sich langsam wieder zurück, lässt die Toten in Andacht vor dem, was am Horizont nur aufscheint und doch verborgen bleibt, wendet sich von den Toten weg und dem Leben wieder zu.

Die Wiedergutmachung

Doch manchmal müssen auch die Lebenden noch den Toten begegnen, ihnen ins Angesicht sehen und sich von ihnen anblicken lassen. In erster Linie jene, die selbst an den Toten schuldig wurden, aber auch jene, die aus dem schlimmen Schicksal ihrer jüdischen Mitbürger einen Vorteil zogen. In vielen Aufstellungen kam ans Licht, dass die Einzelnen, denen unrecht getan wurde, als Einzelne die Seelen derer besetzen, die ihnen unrecht taten oder aus ihrem Unglück Nutzen zogen, und dass sie nicht nur deren Seelen besetzen, sondern auch die ihrer Nachkommen, und zwar so lange, bis das Unrecht anerkannt wird, man ihnen in die Augen schaut, bis sie als Menschen wie wir anerkannt werden, wir ihnen die Ehre geben und mit ihnen über ihr Schicksal trauern. Dann wird das Getrennte wieder verbunden und die schlimmen Wirkungen des Unrechts hören auf.

Zum Schluss erzähle ich hier noch eine Geschichte und nehme euch mit ihr, wenn ihr es wollt, auf eine Seelenreise mit.

Die Umkehr

Jemand wird hineingeboren in seine Familie, seine Heimat und Kultur, und schon als Kind hört er, wer einst ihr Vorbild war, ihr Lehrer und ihr Meister, und er spürt die tiefe Sehnsucht, so zu werden und zu sein wie er.

Er schließt sich Gleichgesinnten an, übt sich in jahrelanger Zucht und folgt dem großen Vorbild nach, bis er ihm gleich geworden ist und denkt und spricht und fühlt und will wie er.

Doch eines, meint er, fehle noch. So macht er sich auf einen weiten Weg, um in der fernsten Einsamkeit auch eine letzte Grenze vielleicht zu überschreiten. Er kommt vorbei an alten Gärten, die längst verlassen sind. Nur wilde Rosen blühen noch, und hohe Bäume tragen jährlich Frucht, die aber achtlos auf den Boden fällt, weil keiner da ist, der sie will. Danach beginnt die Wüste.

Schon bald umgibt ihn eine unbekannte Leere. Ihm ist, als sei hier jede Richtung gleich, und auch die Bilder, die er manchmal vor sich sieht, erkennt er bald als leer. Er wandert, wie es ihn nach vorne treibt, und als er seinen Sinnen längst nicht mehr vertraut, sieht er vor sich die Quelle. Sie sprudelt aus der Erde und versickert schnell. Dort aber, wo ihr Wasser hinreicht, verwandelt sich die Wüste in ein Paradies.

Als er dann um sich schaut, sieht er zwei Fremde kommen. Sie hatten es genau wie er gemacht. Sie waren ihrem Vorbild nachgefolgt, bis sie ihm gleich geworden waren. Sie hatten sich, wie er, auf einen weiten Weg gemacht, um in der Einsamkeit der Wüste auch eine letzte Grenze vielleicht zu überschreiten. Und sie fanden, so, wie er, die Quelle. Zusammen beugen sie sich nieder, trinken von dem gleichen Wasser und glauben sich schon fast am Ziel. Dann nennen sie sich ihre Namen:

»Ich heiße Gautama, der Buddha.« Ich heiße Jesus, der Christus.« »Ich heiße Mohammed, der Prophet.«

Dann aber kommt die Nacht, und über ihnen strahlen, wie eh und je, unnahbar fern und still die Sterne. Sie werden alle stumm, und einer von den dreien weiß sich dem großen Vorbild nah, wie nie zuvor. Ihm ist, als könne er, für einen Augenblick, erahnen, wie es ihm ergangen war, als er es wußte: die Ohnmacht, die Vergeblichkeit, die Demut. Und wie es ihm ergehen müsste, wüsste er auch um die Schuld. Ihm war, als hörte er ihn sagen: »Wenn sie mich vergessen könnten, hätte ich Frieden.«

Am nächsten Morgen kehrt er um, und er entkommt der Wüste. Noch einmal führt sein Weg vorbei an den verlassenen Gärten, bis er an einem Garten endet, der ihm selbst gehört. Vor seinem Eingang steht ein alter Mann, als hätte er auf ihn gewartet. Er sagt: »Wer von so weit zurückgefunden hat wie du, der liebt die feuchte Erde. Er weiß, dass alles, wenn es wächst, auch stirbt, und, wenn es aufhört, nährt.« »Ja,« gibt der andere zur Antwort, »ich stimme dem Gesetz der Erde zu.« Und er beginnt sie zu bebauen.

Das heilige Jerusalem

Wann ist Jerusalem wirklich die heilige Stadt, wie sie in den Visionen des Jesaja und in der Offenbarung des Johannes erscheint?

Wenn die ehemaligen Feinde der heiligen Kriege im Friedensreich der Toten alle einander gleich geworden sind, angefangen von der Landnahme unter Josua, der Einigung unter David und Salomon, über die Kriege zwischen Israel im Norden und Juda im Süden, dem Untergang der beiden Reiche unter den Assyrern und den Babyloniern, dem mühsamen Aufbau nach dem Exil unter Esra und Nehemia, den blutigen Kriegen der Makkabäer, der Hinrichtung Jesu, dem Untergang Jerusalems unter den Römern, der Eroberung durch die Araber, den Kreuzzügen und der neuen Landnahme nach dem letzten Weltkrieg.

Ich stelle mir vor, sie alle kommen zurück, schauen sich in die Augen, weinen über das, was sie voneinander erlitten und was sie einander angetan haben, geben einander ihre Würde zurück und lassen, endlich, versöhnt das Vergangene hinter sich.

Und die Lebenden? Sie sehen, was auch sie einmal erwartet, und mäßigen so ihre Ziele und öffnen einander ihr Herz.

Beispiel: Die dunkle Nacht*

HELLINGER *zu David* Um was geht es?
DAVID Vor einigen Monaten hat sich mein gewohntes Leben dramatisch verändert. Es hat damit begonnen, dass ich mein Rückgrat verletzt habe. Als ich eine Woche lang regungslos im Bett lag, hatte ich so etwas wie eine Gotteserfahrung. Eine Kraft hat mich angerührt und mein Herz geöffnet. Danach ging die Beziehung zu meiner Partnerin auseinander. Meine berufliche Identität löst sich ebenfalls auf.
HELLINGER Was war dein Beruf?
DAVID Ich habe in der letzten Zeit an einem Dokumentarfilm über israelische und arabische Kinder in Jerusalem gearbeitet. Dieses Thema liegt mir sehr am Herzen und ich habe mich mit Leidenschaft an diese Arbeit gemacht.

Im Kielwasser dieser Ereignisse gehe ich durch die dunkelste Erfahrung meines Lebens. Ich fühle großen Schmerz über das Ende meiner Beziehung und ich fühle mich an vielen Tagen zumindest für eine Zeit lang ohne Boden unter den Füßen. Schmerzen wandern durch meinen Körper, ich fühle sie vor allem in meinem Herzen und in meinem Bauch.

Das hat wohl nicht nur mit diesem Zusammenbruch zu tun. In meinem Schmerz und meiner Angst fühle ich mich wie verloren. Ich fühle auch, es hat mit etwas zu tun, das weit zurückliegt. Als ich heute die Aufstellungen verfolgt habe, dachte ich, dass es vielleicht sogar weiter zurückreicht, als ich mir denken kann. Es muss sich um etwas Tieferes handeln als meine persönliche Geschichte oder die Geschichte meiner Familie. Das macht mir Angst.

*Beispiel aus einem Kurs in San Francisco

HELLINGER Okay. Viel von dem, was du sagst, hat mit dem zu tun, was wir die dunkle Nacht des Geistes nennen. Du musst sie durchstehen, und das kann sehr lange dauern. Aber das macht nichts. Vielleicht mache ich hier die eine oder andere Aufstellung mit dir. Ich weiß aber noch nicht, welche.

Doch seltsamerweise möchte ich damit beginnen, dass du zwei israelische Kinder und zwei arabische Kinder aufstellst.

Bild 1

isK israelisches Kind
arK arabisches Kind

HELLINGER Jetzt werde ich dir zeigen, wieso dein Filmprojekt nicht gelingen kann. Soll ich?

David nickt.

Hellinger wählt Stellvertreter für die Eltern dieser Kinder und stellt ihnen die Kinder gegenüber.

Bild 2

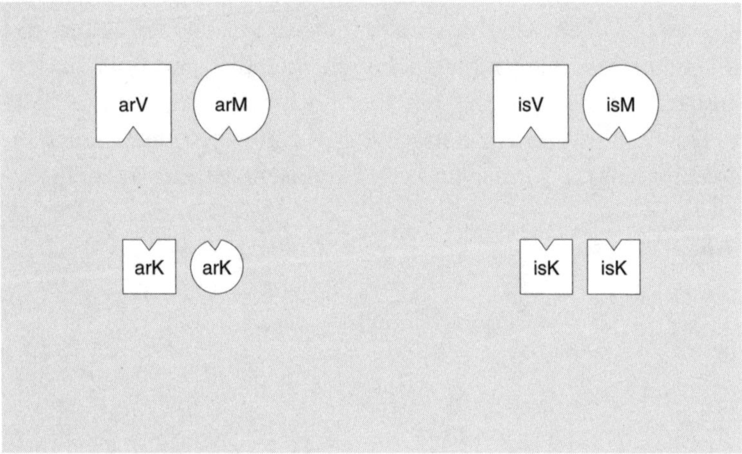

isV israelischer Vater
isM israelische Mutter
arV arabischer Vater
arM arabische Mutter

Der israelische Vater schaut in die Mitte auf den Boden. Nach einiger Zeit stellt Hellinger die beiden Elternpaare einander gegenüber.

Bild 3

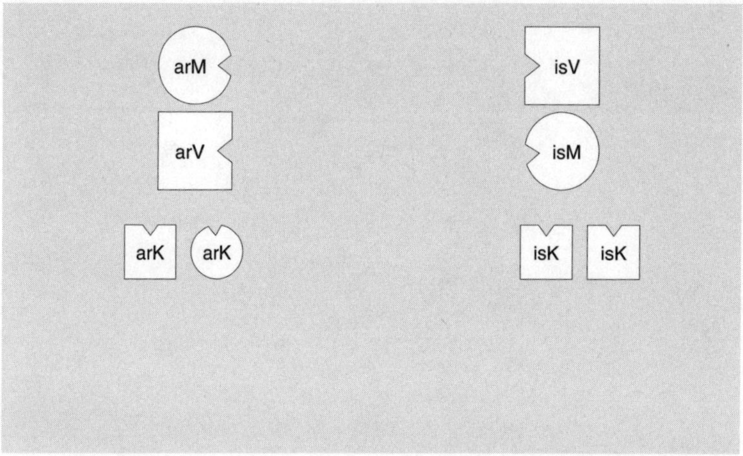

Der arabische Vater hält die Arme abweisend vor der Brust verschränkt.

HELLINGER *nach einer Weile zum israelischen Vater* Gehe mit deiner Bewegung.

Der israelische Vater macht einige Schritte nach vorn.

Bild 4

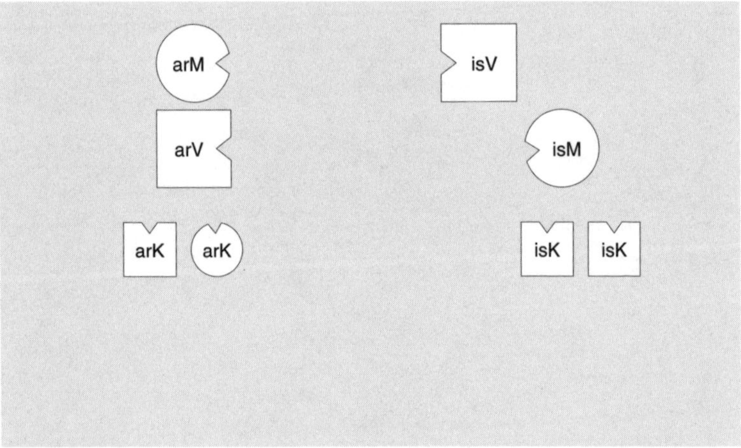

Die beiden Väter schauen sich zuerst konfrontierend an. Dann dreht der israelische Vater seinen Kopf und schaut wieder in die Mitte auf den Boden. Dabei geht er einen kleinen Schritt zurück. Seine Frau wendet sich ihm zu. Auch seine Kinder drehen sich so, dass sie ihn sehen können.

Bild 5

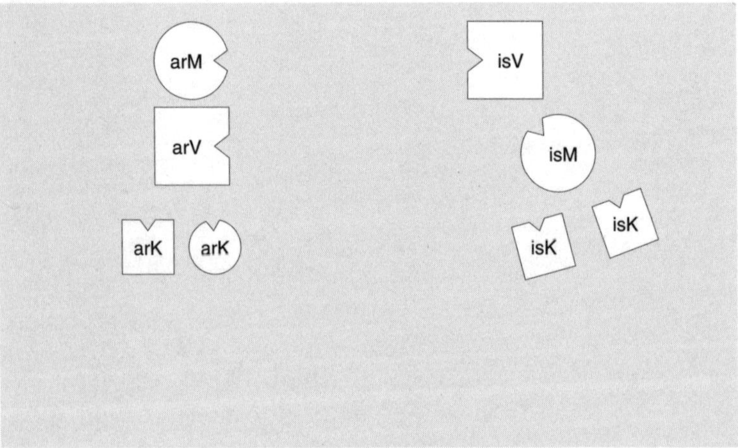

Nach einer Weile wählt Hellinger einen Mann und lässt ihn sich in der Mitte auf den Rücken legen, dorthin, wohin der Blick des israelischen Vaters ging.

Bild 6

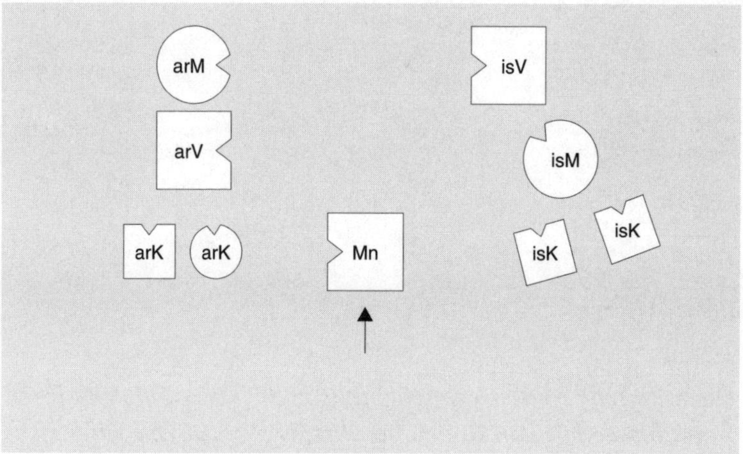

Mn Mann, nicht gesagt, wen er vertritt

Der israelische Vater schaut unentwegt auf diesen Mann und geht etwas in die Knie. Der Mann dreht seinen Kopf weg von ihm. Auch die israelische Mutter und eines der israelischen Kinder schauen jetzt auf den am Boden liegenden Mann. Als der israelische Vater etwas näher zu diesem Mann tritt, dreht dieser sich weg mit dem Gesicht zum Boden.

Nach einer Weile beugt der israelische Vater das eine Knie und verbirgt sein Gesicht in einer Hand. Er ist sehr bewegt. Dann schaut er auf und legt sich auf seine rechte Seite neben den Mann.

Bild 7

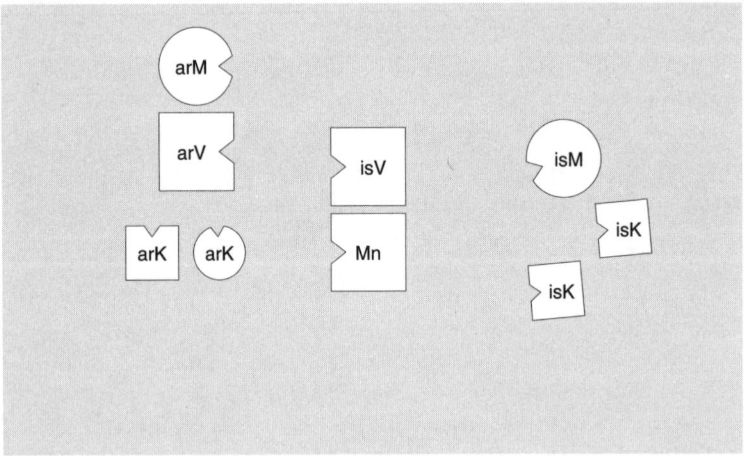

Die arabische Mutter geht ebenfalls in die Knie und neigt ihren Kopf, bis sie fast den Boden berührt. Der arabische Vater zieht sich etwas zurück, schaut aber auch auf die beiden Männer am Boden. Dann legt sich die arabische Tochter auf den Boden, als sei auch sie tot. Der arabische Vater zieht sich noch mehr zurück und stellt sich dann hinter seinen Sohn.

Der unbekannte Mann legt sich auf den Rücken und schaut hinüber zum israelischen Vater, der sehr bewegt ist. Dann legt auch dieser sich auf den Rücken. So liegen sie nun nebeneinander und haben ihre Augen geschlossen. Die israelische Mutter senkt tief den Kopf und wird von einem ihrer Kinder von hinten gehalten, damit sie nicht nach vorne sinkt.

Bild 8

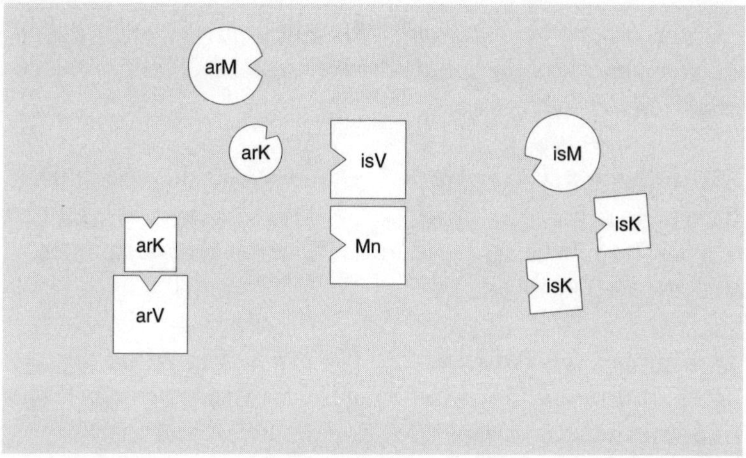

Nach einer Weile steht die arabische Mutter auf und stellt sich hinter ihren Mann.

Bild 9

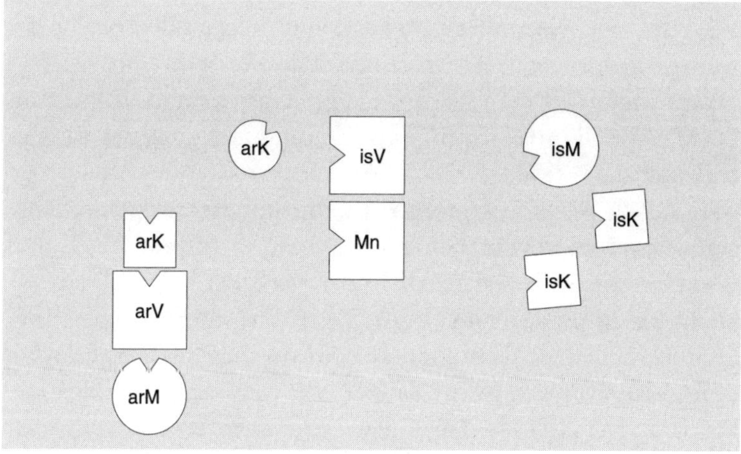

HELLINGER *nach einer Weile zu David* Ich lasse es so, ohne Kommentar und ohne die Stellvertreter zu fragen.

zu den Stellvertretern Danke euch allen.

Als der israelische Vater aufsteht, will ihm sein Sohn helfen. Als der Vater abwehrt, sagt ihm Hellinger: Lass es geschehen, es ist Teil der Bewegung.

HELLINGER *nach einer Weile zu David* Weißt du, wohin deine Bewegung geht?
DAVID Das Einzige, was mir kommt, ist, sie geht nach innen.
HELLINGER Dorthin.

Er zeigt auf den Punkt, wo vorher der andere Mann lag, der offensichtlich ein Opfer des israelischen Vaters vertrat. David ist betroffen, wartet eine Weile und nickt.

HELLINGER Okay?
DAVID Ja.

*

TEILNEHMER Vorhin hast du kurz von der dunklen Nacht des Geistes gesprochen. Es ist eine Zeit, die man durchstehen muss, ohne dass man in sie einzugreifen versucht. Kannst du noch mehr darüber sagen, was die dunkle Nacht des Geistes bedeutet?
HELLINGER Sie überkommt dich, du kannst sie nicht üben. Wie David es vorhin beschrieben hat, so genau ist sie und wirkt sie. Sie ist in den Schriften der Mystiker beschrieben, vor allem bei Johannes vom Kreuz. Er hat sie im Detail beschrieben. Sie bedeutet, dass alles, auf das du dich vorher verlassen konntest, zerbricht. Dein Glauben zerbricht, deine Erfolge zerbrechen. Du verlierst den Boden. Und dein Wissen zerbricht. Daher bewirkt die dunkle Nacht eine tief gehende Reinigung, eine Läuterung. Während der dunklen Nacht lässt du ab von deiner Hoffnung auf Gott und von deiner Erwartung auf Lohn

oder Tröstung. Das ist alles vorbei. Und du lässt ab vom Streben nach Erfolg in jeder Hinsicht, vor allem vom Streben nach Erfolgen spiritueller Natur. Daher sind viele von denen, die eine bestimmte Spiritualität anbieten oder dafür werben, nicht durch die dunkle Nacht gegangen. Wer durch die dunkle Nacht gegangen ist, hat auch die Spiritualität hinter sich gelassen.

Doch wenn du durch die dunkle Nacht gegangen bist, hast du Klarheit gewonnen, große Klarheit. Geheimnisse dürfen dann Geheimnisse bleiben. Du machst keinen Versuch, sie zu lüften und sie zu verstehen. Wenn du durch die dunkle Nacht gegangen bist, kannst du genau unterscheiden, was hilfreich ist und was nicht, und das ohne Anstrengung. Und so wird die dunkle Nacht nach einiger Zeit hell. Dann zeigt sich auch, dass das Gefühl der Leere, welches die dunkle Nacht begleitet, genau das Gleiche wie das Gefühl von Fülle ist. Fülle fühlt sich an wie Leere. Habe ich es erklärt?

Breite Zustimmung aus dem Publikum.

HELLINGER Okay. Gut.

ANDERER TEILNEHMER Als der junge Mann seine Erlebnisse beschrieben hat, von denen du gesagt hast, sie gehörten zur dunklen Nacht, hättest du ihm da nicht auch eine andere Aufstellung anbieten können, die mehr abstrakt gewesen wäre? Zum Beispiel eine Person für die Nacht und die Verzweiflung, eine andere für Gott, eine andere für seine Rückenverletzung, eine andere für das geöffnete Herz und eine andere für seine Partnerin. Wäre eine solche abstrakte, symbolische und metaphorische Aufstellung so abstrakt gewesen, dass sie kein morphogenetisches Feld gebildet hätte und so das Bodenlose, durch das er ging, nachgebildet hätte? Oder hätte diese abstrakte, symbolische Darstellung den inneren Dialog gespiegelt, der sich in diesem Mann abspielt, so dass er auf dieser Ebene zu einer Lösung gefunden hätte?

HELLINGER *zur Gruppe* Ist er nicht gescheit?

Lautes Lachen im Publikum.

zu diesem Teilnehmer Das Ergebnis eines solchen Versuches wäre wohl, dass sich die dunkle Nacht zurückzieht. Ein solcher Versuch wäre der Bewegung der dunklen Nacht diametral entgegengesetzt. Habe ich es verdeutlicht?

DIESER TEILNEHMER Ja.

HELLINGER Das, was ihm in dieser Aufstellung vor Augen geführt wurde, hat ihn geerdet, denn am Ende wurde er mit der letzten aller Wirklichkeiten konfrontiert. Und das ist? – Der Tod.

ANDERER TEILNEHMER Ich möchte etwas mitteilen über die dunkle Nacht der Seele. Gurdjieff beschreibt mit Bezug auf die dunkle Nacht acht Schritte, die man durchlaufen muss. Von ihnen ist die dunkle Nacht der sechste Schritt. Ihm geht der fünfte Schritt voraus, die Desillusionierung. Ich stimme mit dir in allem überein, was du über die dunkle Nacht gesagt hast. Sie ist der Tod des Ichs, alle Strukturen und Glaubensinhalte zerbrechen und alles, was wir vorher gelernt haben. Den nächsten Schritt, der auf die dunkle Nacht folgt, nennt er die Nullposition. In dieser Position hat man nichts aus der Vergangenheit, auf das man sich verlassen kann. Dann erst baut man seine eigenen Erfahrungen auf und trifft von daher seine Entscheidungen. Für ihn ist es ein Entwicklungsprozess, und so habe ich es bei ihm auch erlebt.

HELLINGER Für mich ist das, was du gesagt hast, zu klar, um wahr zu sein.

DIESER TEILNEHMER Es ist klar, wenn man durch ist. Als ich noch drin war, verstand ich nicht, was vor sich ging. Ich habe erst nach dieser Erfahrung über diese Schritte gelesen. Als ich da drin war, fürchtete ich, psychotisch zu werden. Als ich dann später darüber gelesen habe, verstand ich, dass es zum Prozess gehörte.

HELLINGER Was du beschrieben hast, ist ein psychologischer Prozess. Es ist nicht die dunkle Nacht. Die dunkle Nacht hat etwas mit Berufung zu tun.

Die Nacht des Wollens

Die dunkle Nacht des Geistes zwingt uns nicht nur, unsere bisherigen Vorstellungen von Ordnungen aufzugeben und von Wissen, von Erfolg oder Misserfolg, sondern sie zwingt uns auch zu warten, bis sich aus dem Dunkel der Nacht eine Bewegung ergibt, die uns tastend vorwärts schreiten lässt und uns mitten in der Finsternis einen Schimmer zeigt von dem, was wesentlich und jenseits des Gedachten wirkt. Sie zwingt uns auch, das eigene Wollen als unzureichend oder irreführend wahrzunehmen und hinter uns zu lassen. Sie führt uns also auch in eine Nacht des Wollens.

Wer etwas will, der weiß sich seiner selbst bewusst, der hat sich und das, was er will, gleichsam in seiner Hand.

Wer in die Nacht des Wollens geht und gehen muss, der weiß sich ausgeliefert und von höheren Mächten in Schach gehalten. Doch wer diese Nacht aushält, bis er nur noch auf einen Eingriff von außen warten kann, sei er nun von oben oder von unten, der erfährt sich in der Nacht des Wollens geführt und sowohl getrieben als auch getragen.

Handeln, das aus diesem Einklang kommt, hat Kraft. Es kann andere zu Ungewöhnlichem bewegen, ohne dass diese sich in Fremdes verlieren. Denn auch ihr Wollen fügt sich dann ein in ein Wollen, das willenlos geworden ist und gerade dadurch dem Wesentlichen verpflichtet bleibt und das ihm Gemäße wirkt.

Die Dauer

Dauern kann, was sich erneuert. Alles Leben dauert, solange es sich dauernd erneuert. Was sich nicht erneuert, stirbt oder verfällt. Daher heißt bewahren sowohl pflegen als auch erneuern, zum Beispiel eine Beziehung oder ein Haus oder einen Garten.

Erneuern, damit etwas dauert, heißt aber oft auch verbessern. Dauern kann dann nur, was sich entwickelt, vermehrt oder vertieft, ein Wissen zum Beispiel, oder eine Einsicht, oder ein Können.

Dauern heißt aber auch, dass wir weitergeben, was wir haben, zum Beispiel an Kinder oder an Schüler und Freunde. Denn dauern oder sich erneuern oder sich entwickeln kann nur, was zugleich etwas hinter sich lässt, das vergeht oder stirbt. Die Bereitschaft, Platz zu machen für das, was nach uns kommt, dient dem, was über uns hinausreicht, dem Größeren. Dieses Größere hat das Kommen und Gehen festgelegt, und im Kommen und Gehen das Sich-Fortentwickeln, und so, im Entstehen und Vergehen, auch das Bleiben.

Freude

Freude erfahren wir, wenn wir in Einklang kommen mit den Bewegungen unserer Seele, was immer auch die Richtung sein wird, in die sie uns führt. Manchmal führt die Seele uns auf den Weg des Erfolges und des Glücks, manchmal auf den Weg einer Krankheit, manchmal auf den Weg einer Berufung, die von uns das Letzte fordert, und manchmal auch auf den Weg eines Abenteuers, dem wir nicht entgehen können. Dennoch wissen wir uns in dieser Bewegung von Größerem getragen. Daher ist die Freude, die aus dem Einklang mit dieser Bewegung kommt, still. Sie ruht in sich und hat Gewicht.

Diese Freude ist ohne Absicht und ohne Bedauern, weil sie im Einklang ist. Sie ist sogar im Einklang mit der Schuld und ihren Folgen. So seltsam es auch klingen mag, wenn wir in Einklang kommen mit der Schuld, erfahren wir sie als etwas Göttliches.

In dieser Freude fühlen wir kein Verlangen, dass etwas anders sein soll, als es uns begegnet, sowohl bei uns als auch bei anderen. Wenn es uns gelingt, unserem Schicksal zuzustimmen, mit allem, was es von uns fordert, und wenn wir auch dem Schicksal, dem Leid und selbst der Schuld von denen zustimmen können, die uns am Herzen liegen, bleiben wir in dieser Freude.

In der Gegenwart von Menschen, die in dieser Freude sind, werden wir ruhig und gesammelt und finden zum Wesentlichen, zur eigenen Mitte.

Diese Freude hat mit Fülle zu tun. In ihr fühlen wir uns vollendet.

Rilkes »Sonette an Orpheus«

Die *Sonette an Orpheus* sind das Ergebnis eines schöpferischen Sturms, der Rilke, als er die *Duineser Elegien* vollenden wollte, unerwartet überfiel, so dass er den ersten Teil, und einige Wochen später den zweiten, in jeweils wenigen Tagen wie einem inneren Diktat gehorchend niederschrieb. Diese Sonette sind von solcher Tiefe, dass Rilke erst später Schritt für Schritt ihren Sinn ahnend begriff.

Für den Leser und Hörer sind die *Sonette an Orpheus* mehr als vollendete Dichtung. Daher erschließen sie sich erst, wenn wir jenseits der meisterlichen Form und der Dichte der Bilder uns der Seinserfahrung öffnen, die in ihnen offenbar wird. Wenn wir uns von dieser Seinserfahrung berühren lassen, bis sie unsere Sicht von Leben und Tod, Glück und Leid und von Entstehen und Vergehen weitet. Dann lernen wir beim Lesen und Hören dieser Sonette, uns willig der Verwandlung anheim zu geben, die uns unerbittlich und notwendig für unsere Vollendung bevorsteht.

Als Verkörperung für diesen Vorgang der Verwandlung dient Rilke die Figur des Orpheus. Ihm starb die geliebte Eurydike auf dem Höhepunkt seines Glücks, am Tag, als er mit ihr Hochzeit hielt. Er folgte ihr ins Totenreich, um sie vielleicht noch einmal ins Leben heimzuholen. Doch nah am Ziel verlor er sie zum zweiten Mal und kehrte ohne sie ans Licht zurück.

Doch weil er ohne sie nun beiden Reichen angehörte, dem der Lebenden und der Toten, waren seine Lieder nun mehr, als die Lebenden, denen das andere Reich unzugänglich blieb, ertrugen. Seine Lieder verbanden nun die beiden Reiche zu einem Ganzen. Sie feierten das Ganze, wie es Entstehen und Vergehen gleichermaßen umfasst, wie sich in ihm beides, Leben und Tod und die Lebenden und Toten wechselseitig durchdringen, bis sich in ihnen beide Bereiche verdichten zu einem großen Gesang.

Die Mänaden, die Rachegöttinnen, die teilten anstatt zu vereinen, wollten in ihm dieses Ganze auseinander reißen und zerrissen ihn daher bei lebendigem Leibe.

Doch auch diesmal bleibt Orpheus nicht für immer im Reich der Toten von den Lebenden getrennt. Stellvertretend für alle Toten kehrt er in allem, was entsteht, ins Leben zurück. So können wir, die Lebenden, in allem, was entsteht, die uns Vorausgegangenen am Werk und mit uns verbunden sehen. In ihnen kommt auch Orpheus wieder für eine Zeit zurück, und mit ihnen schwindet er wieder.

Wir aber, die wir uns in dieses Mysterium hineinbegeben, in sein Geheimnis eingeweiht werden, hören in allem, was entsteht und vergeht, wie Orpheus singt, wie alles, was entsteht und schwindet, sich wandelt in einen Gesang, in dem das Sichtbare hörbar wird und das Dasein als Ganzes sich verdichtet zu einem Lobgesang.

Der Gesang des Orpheus ist Dasein, das Ganze des Daseins, ohne Zweck, zu niemandes Gefallen, reiner, gesammelter Ausdruck des Seins. Wer diesen Gesang hört und sich ihm öffnet, für den wird auch sein eigenes Dasein zu einem solchen Gesang.

Wolle die Wandlung

Das folgende Gespräch mit mir führte Wolfgang Danzmayr im Anschluss an die öffentliche Uraufführung seiner Komposition ... *und mit Ende beginnt*, die Freunde von mir zu meinem 75. Geburtstag bei ihm in Auftrag gegeben hatten. Diese Komposition bezieht die Lesung einiger von Rilkes *Sonetten an Orpheus* mit ein, die ich bei dieser Gelegenheit live vorgetragen habe, darunter auch das folgende Sonett:

Wolle die Wandlung. O sei für die Flamme begeistert,
drin sich ein Ding dir entzieht, das mit Verwandlungen prunkt;
jener entwerfende Geist, welcher das Irdische meistert,
liebt in dem Schwung der Figur nichts wie den wendenden Punkt.

Was sich ins Bleiben verschließt, schon ists *das Erstarrte;*
wähnt es sich sicher im Schutz des unscheinbaren Grau's?
Warte, ein Härtestes warnt aus der Ferne das Harte.
Wehe –: abwesender Hammer holt aus!

Wer sich als Quelle ergießt, den erkennt die Erkennung;
und sie führt ihn entzückt durch das heiter Geschaffne,
das mit Anfang oft schließt und mit Ende beginnt.

Jeder glückliche Raum ist Kind oder Enkel von Trennung,
den sie staunend durchgehn. Und die verwandelte Daphne
will, seit sie lorbeern fühlt, daß du dich wandelst in Wind.

Herr Hellinger, Sie haben gesagt, Rilke ist für Sie eine Art Ahnender, ein Findender, eine Art Medium zwischen der Welt der Lebenden und der Toten. Als Überschrift für diese Komposition habe ich die zentrale Zeile »... und mit Ende beginnt« gewählt. Vielleicht können wir uns kurz mal damit beschäftigen, was sie bedeutet. Wir alle erleben viele Abschiede. Manche Abschiede sind sehr schmerzlich, manche gehen leicht vorbei in unserem Leben. Sie lernen in Ihrer Arbeit viele solcher Abschiede und auch Neubeginne kennen. Wie ist das für Sie, diese Thematik des Endens und wieder Beginnens?

Bei Rilke spielt das Wort Wandlung eine besondere Rolle, wie auch hier in dem Sonett »Wolle die Wandlung«. In ihm steht die schöne Zeile »Was sich ins Bleiben verschließt, schon *ists* das Erstarrte«. Also, Leben ist Wandlung, und Wandlung heißt, dass etwas vorbei ist und etwas Neues beginnt. Aber das, was vorbei ist, ist nicht abwesend. Es geht in das Neue mit ein auf eine neue Weise. Sobald dem Bestehenden nichts Neues folgt, wird es starr und kann sich nicht mehr entwickeln. Deswegen ist dieser dauernde Übergang auf Neues hin für Rilke so zentral.

In meiner Arbeit, beim Familien-Stellen, zeigt sich laufend, dass jemand leidet, weil ihn etwas Altes gefangen hält und er einen Weg finden muss, sich daraus zu lösen, indem er sich wandelt. Das heißt, dass er das Alte auf eine Weise überwindet, dass das Gute, das es ja auch enthält, in das Neue mit einfließt.

Damit sprechen Sie dieses Sich-Sperren und Sich-Wehren gegen Gewohntes an. Doch wenn sich jemand noch so sperrt, Wandlungen zuzulassen, er kann nicht im Alten verharren.

Was wichtig ist bei diesen ganzen Überlegungen, ist, dass die Wandlung nicht durch Planung möglich ist. Wenn sich jemand etwas vornimmt, nimmt er sich oft etwas vor, was nicht im Einklang mit etwas Größerem ist. Dann scheitert das, was er anstrebt. Wandlung in dem Sinne, wie Rilke sie versteht, ist im Einklang mit etwas Größerem. Wie der Fluss sich ja dauernd wandelt, während er zum Ozean fließt, so wandelt sich auch das menschliche Leben laufend, weil es in etwas Größeres eingebettet ist. Also, die Wandlung, die wirklich bedeutsam ist, ist die, die unausweichlich wird aus einer inneren Bewegung der Seele heraus. Wer diese vollzieht, der fühlt sich weiter und reicher als vorher. Aber er muss immer etwas hinter sich lassen. Das Kind lässt die Kindheit zurück, der Jugendliche die Jugend, der Erwachsene lässt nach einiger Zeit sein Schaffen zurück und orientiert sich im Alter auf etwas hin, das er nur erahnt, dem er sich aussetzen muss, ohne dass er es weiß. Aber indem er sich ihm so aussetzt, gewinnt, was ihm bleibt, eine besondere Schönheit.

Ich erinnere mich zum Beispiel an ein altes Ehepaar. Der Mann hatte Krebs mit Metastasen und es war offensichtlich, dass er nicht mehr lange zu leben hatte. Sie haben sich zu mir gesetzt und ich sagte zu ihnen: Jetzt ist die Zeit des Abschieds nahe, doch im Angesicht des Abschieds glüht die Liebe noch einmal auf wie Abendrot, mit besonderer Schönheit. Sie haben sich angeschaut, und er hat ihr gesagt: »Ich bleibe, solange ich darf.« Und sie hat ihm gesagt: »Ich sorge für dich, solange ich darf.« Da war eine solche Schönheit von reifem Leben sichtbar, wo Abschied das Wesentliche zum Leuchten bringt.

Dieses Dürfen klingt nach Demut. Wie erkennt ein Mensch, ob er demütig warten kann, dass sich Neues zeigt, oder ob er nicht einfach bequem ist und sagt: Es kommt eh, wie es kommt. Wie erkennt jemand, ob er bequem ist oder ob er demütig ist?

Er hat eine innere Ruhe bei dem, was wesentlich ist. Sobald man an das Wesentliche stößt und sich dem fügt, wird man auf der einen Seite gelassen. Und man wird wach. Der Bequeme wird nicht wach, der wird dumpf. Aber derjenige, der in den

Fluss steigt und sich ihm anvertraut, wird ganz wach dabei. Und er hat eine besondere Kraft. Diese Kraft zeigt sich darin, dass er mit Wenigem viel erreicht. Sobald jemand unruhig wird, ist es ein Zeichen, dass er vom Wesentlichen abgeschnitten ist. Dann heißt es stillehalten, bis die rechte Zeit zum Weitergehen kommt. Ich habe etwas herausgefunden über die rechte Zeit. Die rechte Zeit ist meistens etwas später.

Sie haben vorher dieses Ehepaar erwähnt und diesen Mann mit Krebs, der gewusst hat, dass er nur noch kurze Zeit zu leben hat. Das heißt, er muss mit dem für dieses Leben bedeutenden letzten Ende rechnen und sich damit zurechtfinden. Jetzt ist es ja so, dass die Wiener, und ich bin ein geborener Wiener, sich geradezu dadurch auszeichnen, dass sie mit dem Tod ja auch Schmäh führen. »Wann i amoi stirb« oder »Es lebe der Zentralfriedhof«, das kennen wir alles. Das ist auch eine Art und Weise, sich über den Tod und über die Ängste hinwegzuschwindeln, oder zumindest es zu versuchen. Trotzdem, wie kann sich ein Mensch auf dieses für dieses Leben endgültige Ende vorbereiten, dass es ihm eben nicht endgültig und absolut unausweichlich erscheint? Es sei denn, dass er sich sagt: Ich weiß, ich bin jetzt hier, dann ist es aus und ist halt vorbei.

Die Frage ist, ob es aus ist. Bei Rilke ist Sterben ein langer Prozess. Er beschreibt diesen Prozess in seinen *Duineser Elegien*, besonders in der zehnten Elegie. Also, mit dem Tod ist das Sterben nicht vollendet. Es braucht noch etwas, bis es wirklich zu Ende kommt. Wer in dieser Wandlung sich geübt hat und sich ihr im Leben ausgeliefert hat, der kann diesen Übergang und das, was ihm folgt, leichter vollziehen. Der Schmäh, den manche mit dem Tod treiben, ist ja mit dem Bild verbunden, dass es mit dem Tod aus ist. Aber dass das Sterben nur ein Übergangsprozess ist, der weitergeht, und dass es für einige sehr lange dauern kann, bis sie ihr Sterben vollenden können, das ist ein ganz anderer Gesichtspunkt.

Beim Familien-Stellen werden oft auch Tote mit einbezogen, zum Beispiel Stellvertreter für die Opfer und Täter des Holocaust. Auf einmal sind die Täter und die Opfer gegenwärtig, obwohl sie beide tot sind. Dabei kann man erleben, dass zwischen ihnen ein langer Prozess abläuft, bis sie zur Ruhe kommen, und dass vor allem die Täter einen sehr langen Weg vor sich haben. Hier zeigt sich, zum Beispiel, dass der Täter erst zur Ruhe kommt, wenn er den Opfern in jeder Hinsicht gleich geworden ist, wenn also die Überheblichkeit des Täters völlig dahinschmilzt im Schmerz über das, was geschehen ist. Man sieht, welche Wandlung er durchmachen muss, bis er dieses erreicht.

Ein wichtiger Aspekt dabei, der in letzter Zeit immer deutlicher wird, ist, dass die Täter sich nicht wandeln können, solange sie verachtet sind. Erst wenn man sie liebt, wenn die Lebenden, die Überlebenden, sie lieben, und auch die Opfer sie lieben und die Nachkommen der Opfer sie lieben, so dass auch sie wieder in die menschliche Gemeinschaft aufgenommen werden, können sie loslassen und auch ihr Sterben vollenden.

Aber das sind natürlich Gedanken, in die man sich erst hineinfühlen muss. Was ich hier gesagt habe, darf man nicht so verstehen, als wüsste ich es und könnte es genau benennen. Aber bei den Aufstellungen kommt eine Bewegung in Gang, die Hinweise gibt, dass das Leben mit dem Tod noch nicht zu Ende ist, dass auch danach noch etwas zu tun ist und man sich im Leben schon darauf einrichten und vorbereiten kann. Das Leben wird im Angesicht dieses Todes kostbar. Es verliert durch ihn nichts.

Es ist etwas anderes, wenn man dauernd an den Tod denkt, wie das zum Beispiel viele Heilige gemacht haben. Sie haben sich einen Totenschädel auf das Betpult gelegt und vor ihm gebetet. Denen entgeht im Angesicht des Todes das Leben. Das ist hier nicht gemeint. Aber im Lauf des Lebens ist man fortwährend mit Abschieden konfrontiert und erlebt das Leben auch als Sterbeprozess. Wenn man dem schon im Leben zustimmt, wird das Ende gelassen gesehen. Man gibt sich etwas Größerem anheim und kann dann wirklich loslassen. Diese Haltung bereichert das Leben.

Ich möchte noch mal auf den Punkt zurückkommen, den Sie gerade angesprochen haben, der mir für unser Denken ungewohnt erscheint. Sie haben, wenn ich es richtig verstanden habe, gesprochen von der Überheblichkeit eines Opfers.

Ja.

Also nicht nur der Täter kann überheblich sein oder ist es, sondern auch das Opfer kann überheblich sein und damit seiner eigenen Entwicklung im Wege stehen. Habe ich das richtig verstanden?

Ja. Wenn wir hier von den lebenden Opfern sprechen, also diejenigen, die sich als Opfer verstehen, zum Beispiel als Opfer ihrer Eltern oder als Opfer der Umstände, können wir sehen, sie können sich nicht wandeln. Wer in der Opferhaltung verharrt, kann sich nicht wandeln. In der Therapie kann man jemandem, der jammert »Ach, ich Armer, was ist mir alles passiert!«, nicht helfen. Der bleibt in seiner Opferhaltung gefangen. Während, wenn er sagt »Ja, so war's und ich habe daraus etwas gelernt und daraus Kraft gewonnen und ich mache jetzt etwas damit«, wird er ein Handelnder. Dann kann er das, was war, hinter sich lassen.

Und wie ist es mit den Tätern? Bei den Nazitätern haben wir scheinbar immer noch das Problem in unserer Gesellschaft, dass man sagt, die Täter oder die Tätergeneration war nicht in der Lage, ihre Schuld emotionell zu verarbeiten. Daher gibt es nach wie vor Tendenzen, vor denen man Angst haben muss. Sollen die auch loslassen und vergessen, oder was würden Sie den Tätern raten?

Ich bringe ein Beispiel. Gehen wir jetzt einmal weg vom Holocaust in einen anderen Zusammenhang und schauen auf den Konflikt zwischen den Israelis und den Palästinensern.

Vor kurzem hatten wir einen großen Kongress, auf dem ein Palästinenser und ein Israeli sprachen, die zusammen ein Friedensinstitut gegründet haben und auf Verständigung zwischen den beiden Völkern und Gruppen hinarbeiten. Sie haben auch einen Workshop gehalten, in dem es darum ging: Wie können die Israelis verstehen, wie die Palästinenser fühlten, nachdem sie Palästina verlassen mussten, als die Israelis kamen, und welche Ängste haben die Israelis vor den Ansprüchen der Palästinenser, zurückkehren zu wollen. Denn damals waren es 300 000, die Palästina verlassen mussten. Heute sind daraus fünf Millionen geworden. Der Israeli und der Palästinenser haben mich gebeten, diese Situation mit Hilfe einer Aufstellung zu beleuchten. Ich habe dazu fünf Personen als Vertreter für die Palästinenser ausgewählt und habe für sie nur Juden genommen, damit diese sich besser in die Lage der Palästinenser einfühlen können, und ihnen gegenüber habe ich fünf Vertreter für die Israelis aufgestellt. Danach habe ich nicht mehr eingegriffen. Ich habe ganz auf die tiefen Bewegungen der Seele in den Stellvertretern vertraut.

Als Erstes hat eine der palästinensischen Frauen auf den Boden geschaut, was zeigte, sie schaute auf einen Toten. Dann habe ich einen Mann in die Mitte gelegt als Vertreter der Toten, aber es war nicht klar, ob er ein Palästinenser war oder ein Israeli. Ganz langsam entwickelte sich eine tiefe Trauer bei allen. Die Palästinenser sind dann langsam zu Boden gegangen und haben um den Toten geweint. Von den Israelis ist einer rückwärts umgefallen und hat laut geschrien vor Schmerz. Auf beiden Seiten zeigte sich nur ein tiefer Schmerz.

Am Ende habe ich die Stellvertreter gefragt, was sie erlebt hatten. Keiner der Palästinenser fühlte irgendeinen Anspruch an die Israelis, außer dass gesehen wird, was sie gelitten haben. Also, die Ängste, welche die Israelis hatten, kamen überhaupt nicht zum Vorschein. Beide Gruppen haben getrauert über das, was geschehen war, über all das Leid, was die einen den anderen angetan haben und das sie von den anderen erlitten haben. Dieses gemeinsame Trauern hat die so innig verbunden, dass man sehen konnte: Wenn man gemeinsam trauert, kann man etwas Neues beginnen.

Das würde ich jetzt auch anwenden auf die Täter und Opfer unter der nationalsozialistischen Herrschaft. Wir in Deutschland – und in Österreich ist ja das Gleiche – haben die Täter verachtet und haben uns über sie erhoben, als seien wir besser. Indem wir das machen, verhalten wir uns wie die Täter von damals. Denn die Täter von damals haben diese schlimmen Taten vollbracht, weil sie sich besser gefühlt haben. Das hat sie zu Tätern gemacht, dass sie sich besser als die anderen fühlten. Und jene, die sich jetzt über sie erheben, sind genauso. Sie machen die Täter zu ihren Opfern, weil auch sie sich überlegen fühlen. Und in dem ganzen Prozess werden die eigentlichen Opfer, die umgebracht wurden, vergessen.

Wir in Deutschland – und offensichtlich auch Sie in Österreich – haben nicht wirklich gemeinsam um die toten Soldaten getrauert, auch nicht um die Toten aus der Zivilbevölkerung. Wir haben sie alle in einen Topf mit den Tätern geworfen. Wir wollten uns sozusagen von denen trennen und haben gedacht, wir könnten dem entkommen, indem wir uns über sie erheben.

Aber die Lösung wäre, dass wir alle gemeinsam trauern. Dass die Nachkommen der Opfer und die Nachkommen der Täter beide im Blick haben, sowohl die toten Opfer als auch die toten Täter, und dass wir sie im Totenreich sozusagen zusammenfinden lassen.

Was das bedeutet, habe ich vor kurzem gesehen in einer Aufstellung in Buenos Aires. Es ist nämlich so, dass in den Familien der Opfer, zum Beispiel in vielen jüdischen Familien, weil sie die Täter verachten, ein Familienmitglied die Täter vertritt. Da fühlt also ein späteres Familienmitglied eine mörderische Energie, weil die Täter ausgeschlossen sind.

In Buenos Aires bat ein Mann um Hilfe, der plötzlich begriffen hatte, dass er für seine Kinder gefährlich war. Als er auf gewagte Weise mit dem Auto fuhr, wurde im klar, dass er leicht einen schweren Unfall provozieren konnte, obwohl seine Kinder mit im Auto waren. Es kam dabei heraus, dass er ein Nachkomme von Holocaust-Opfern war. Wir haben dann sechs Vertreter für die Holocaust-Opfer aus seiner Familie aufgestellt und sechs Vertreter für die Täter. Der Mann stand dann selbst in dieser Aufstellung. Er wurde von Schmerzen überwältigt, hat laut geschrien und dabei dauernd auf den Boden geschlagen. Er hat nicht auf die Opfer geschaut. Er hatte die mörderische Energie der Täter, weil diese in seiner Familie keinen Platz hatten.

Dann habe ich ihn aufgefordert, auf die Opfer zu schauen. Ganz langsam konnte er zu ihnen hingehen, konnte sich vor ihnen verneigen, konnte sie ehren, sie umarmen und war dann wie einer von ihnen. Danach ist er auch zu den Tätern gegangen und hat jedem über die Wangen gestreichelt mit großer Liebe. Die Stellvertreter der Täter wurden ganz weich, sind auf den Boden gesunken und wurden mit den Opfern eins.

Nach dieser Aufstellung habe ich diesen Mann sich seine Kinder vorstellen und ihnen sagen lassen: »Jetzt bin ich für euch da, jetzt behüte ich euch«. Damit war er von der Täterenergie befreit.

Also, wir können uns nicht von den Tätern lösen, indem wir sie verachten oder bekämpfen. Die Lösung ist nur möglich, indem wir alle, die Nachkommen der Täter und die Nachkommen der Opfer, gemeinsam trauern. In dieser gemeinsamen Trauer beugen wir uns vor etwas Größerem, das dahinter wirkt. Denn die Täter waren nicht frei. Sie waren eingebunden in etwas Größeres. Das, was dahinter ist, diese Kraft, vor der müssen sich beide verneigen wie vor einem fernen Licht, ohne dass wir begreifen, was das ist. Dann sind wir alle auf der gleichen Ebene.

Ich würde das als Friedensbotschaft bezeichnen. Meine Damen und Herren, ich glaube, das war so viel und so dicht und so viel zum Nachdenken und zum Umdenken auch, dass ich hier dieses Gespräch beschließen möchte.

Sinnsprüche: *Leben und Tod*

Jeder Berg landet am Ende im Tal.

Mensch sein heißt Mitmensch sein – mit den Lebenden und den Toten.

Auch Ordnungen enden.

Der Tod kommt nie zu früh.

Im Tod offenbart sich das Göttliche.

Was erfüllt ist, geht zu Ende.

Der Tod

Der Tod kommt immer gelegen, sei es, dass es keinen Platz für uns in der Welt gibt, sei es, dass unsere Zeit abgelaufen ist und wir vollendet haben, was uns aufgetragen war, sei es, dass die Zeit gekommen ist, für andere Platz zu machen. So werden wir durch den Tod zurückgeholt in den Urgrund, aus dem das Leben aufsteigt und in den es wieder absinkt.

Der Urgrund selbst bleibt uns für ein Leben lang erhalten. In ihm ist alles grundgelegt, was uns im Leben möglich wird und geschieht, und in ihm bleibt, was geschieht und dann vergeht, bewahrt. Wer also wieder in den Urgrund absinkt, kann nichts versäumen, und wer länger lebt, der hat am Ende gegenüber jenen, die früh gestorben sind, nicht mehr gewonnen als sie. Wer also, während er lebt, im Urgrund wurzelt, ist mit dem Anfang und dem Ende eins, und er ist gleichermaßen eins mit denen, die waren, mit denen, die kommen, und mit denen, die sind. Vergangenes und Kommendes verdichten sich in seinem Leben, so wie es auch im Urgrund verdichtet ruht und bleibt.

Der Urgrund als Anfang und Ende zwingt jene, die ihr Leben jetzt als Einziges und Höchstes sehen, sich an seine Grenzen zu erinnern, indem er sie durch Schicksal oder Krankheit an diese Grenzen führt und dadurch zur Besinnung an den Urgrund und das Bleibende bringt. Dann tritt auch der Tod in unseren Blick, ohne dass er uns erschreckt. Denn wir schauen nicht auf ihn, sondern auf den Urgrund, dem er dient. Leben und Sterben sind dann einerlei, denn in beiden sind wir gleichermaßen im Einklang mit dem, was bleibt.

Leben im Angesicht des Todes ist daher Leben im Angesicht von Abschied. Doch ist dieser Abschied kein Verlust, er ist Vorwegnahme der kommenden Fülle. Und er ermöglicht Zukunft. Wir könnten auch sagen, er führt uns zurück zum Anfang, so, wie der Tod. Das ist hier alles das Gleiche.

Uns gelingt dieser Abschied, wenn wir das Ganze, Leben und Tod, Kommen und Gehen, Vergehen und Bleiben, feiern wie einen Lobgesang.

Ausklang

Am Ende dieses Buches möchte ich die letzten Strophen des Gedichtes *Der Kreis* nochmals zitieren und mich damit von Ihnen verabschieden:

Der Betroffene fragte:
»Wenn wir und was wir wirken, jedes zu seiner Zeit besteht und endet,
was zählt, wenn unsere Zeit sich schließt?«

Der andere sprach:
»Es zählt das Vorher und das Nachher
als ein Gleiches.«

Dann trennten ihre Wege sich
und ihre Zeit,
und beide hielten an
und inne.

Veröffentlichungen von und mit Bert Hellinger

Weitere ausführliche Informationen über Bert Hellinger und seine Arbeit, Adressen von Aufstellern, Informationen über Aus- und Weiterbildung etc. finden Sie im Internet unter: www.hellinger.com

Ordnungen der Liebe

Die Veröffentlichungen unter dieser Überschrift führen in das Familien-Stellen ein, fassen Hellingers Einsichten zusammen und wenden sich an ein breiteres Publikum.

Zweierlei Glück. Die systemische Psychotherapie Bert Hellingers
Herausgegeben von Gunthard Weber 1993
14., überarb. Auflage 2001. 338 Seiten. ISBN 3-89670-005-7. Carl-Auer-Systeme Verlag
In lebendigem Wechsel von Vorträgen, Fallbeispielen und Geschichten führt Gunthard Weber umfassend in die Denk- und Vorgehensweisen Bert Hellingers ein. Das übersichtlich gegliederte Buch beschäftigt sich ausführlich mit den verschiedenen Aspekten von Beziehungen, mit den »Bedingungen für das Gelingen«, dem »Gewissen als Gleichgewichtssinn in Beziehungen«, den Beziehungen zwischen Eltern und Kindern« sowie den Paarbeziehungen, den systemischen Verstrickungen und ihren Lösungen und abschließend mit der Praxis systembezogener Psychotherapie.

***Ordnungen der Liebe. Ein Kursbuch** 1994*
7., überarb. und ergänzte Auflage 2001. 516 Seiten. ISBN 3-89670-000-6. Carl-Auer-Systeme Verlag
Dies ist ein Kursbuch in mehrfachem Sinn. Erstens werden ausgewählte therapeutische Kurse wortgetreu wiedergegeben. So kann der Leser am Ringen um Lösungen teilnehmen, als wäre er selbst mit dabei. Zweitens werden Hellingers therapeutische Vorgehensweisen ausführlich dargestellt und erläutert, vor allem seine besondere Art, Familien zu stellen. Drittens nimmt Hellinger den Leser auf den Erkenntnisweg mit, der zum

Erfassen der hier beschriebenen Ordnungen führt. Abschließend erläutert Hellinger in einem längeren Interview seine Einsichten und Vorgehensweisen.
Dieses Buch erscheint auch als Taschenbuch im Knaur Verlag mit der ISBN 3-426-77563-8.

Die Quelle braucht nicht nach dem Weg zu fragen. Ein Nachlesebuch *2001*
1. Auflage 2001. 388 Seiten. ISBN 3-89670-183-5. Carl-Auer-Systeme Verlag
Die in diesem Buch gesammelten Aussagen wurden ursprünglich in Kursen über das Familien-Stellen als Einleitungen gesprochen oder als Zwischenerklärungen oder als Zusammenfassungen zu dem, was vorangegangen war, oder auch als Antworten auf Fragen und einige als Interviews. Alle diese Aussagen haben ein Umfeld. Der Kontext färbt auf sie ab und macht sie lebendig. Sie behandeln ein Thema nicht vollständig, sondern bringen es auf den Punkt, der es dem Leser ermöglicht, entsprechend zu handeln. In diesem Buch wurden sie übersichtlich nach Themen geordnet.

Entlassen werden wir vollendet. Späte Texte *2001*
1. Auflage 2001. 219 Seiten. ISBN 3-466-30558-6. Kösel-Verlag
»Erst wenn die reife Frucht zur Erde fällt, entlässt sie, was der Zukunft dient.« Mit diesen Worten führt Bert Hellinger in diese Texte ein. Sie enthalten Antworten auf wesentliche Fragen und Einsichten in mögliches und fälliges menschliches Tun. Dazwischen stehen hintersinnige Aphorismen.
Dies ist ein Weisheitsbuch und ein Vermächtnis, das um die Themen Abschied und Versöhnung kreist und oft an Letztes rührt.

Anerkennen, was ist. Gespräche über Verstrickung und Lösung
Zusammen mit Gabriele ten Hövel 1996
11. Auflage 2000. 220 Seiten. ISBN 3-466-30400-8. Kösel-Verlag
In dichten Gesprächen mit der Journalistin Gabriele ten Hövel gibt Hellinger Einblick in die Hintergründe seines Denkens und Tuns. Und er zeigt, wie über die Anerkennung der Wirklichkeit auch in schwierigen Fragen die Verständigung gefunden und ein Ausgleich erreicht werden kann. Ein Glossar macht den Inhalt über zahlreiche Stichworte zugänglich.

Mit der Seele gehen
Herausgegeben von Bertold Ulsamer und Harald Hohnen
1. Auflage 2001. Ca. 192 Seiten. ISBN 3-451-27579-1. Herder Verlag
Im Gespräch mit Ulsamer und Hohnen erzählt Hellinger von seiner Methode. Er macht deutlich: Es gibt Ordnungen, die man nicht verletzen darf, die aber wieder ins Gleichgewicht kommen können, wenn man sie erkennt. Ein Buch, das einführt in die größeren Zusammenhänge seines Denkens, in seine »Philosophie« und in seine spirituellen Grundeinsichten. Die Einführung für Neugierige – aber auch für diejenigen, die wissen wollen, was hinter dem Familien-Stellen steckt.

Die Mitte fühlt sich leicht an. Vorträge und Geschichten *1996*
8., erweiterte Auflage 2001. 264 Seiten. ISBN 3-466-30460-1. Kösel-Verlag
Hellingers grundlegende Vorträge und Geschichten sind hier gesammelt vorgestellt. Sie kreisen um die gleiche Mitte, eine verborgene Ordnung, nach der Beziehungen gelingen oder scheitern.

Die Mitte fühlt sich leicht an. Vorträge und Geschichten
(Begleitende Ausgabe auf Video/Audio-CD)
Die unter oben stehendem Titel zusammengefassten Vorträge und Geschichten sind auch auf CD und Video erhältlich, ebenso wie die folgenden Videos, CDs und Audiokassetten.

Bezugsadresse:
Carl-Auer-Systeme Verlag, Weberstr. 2, 69120 Heidelberg
Fax: 06221/64 38 22, E-Mail: info@carl-auer.de

CD-Paket 1 (2 CDs) bzw. Video 1
Schuld und Unschuld in Beziehungen *(Vortrag)*
Geschichten, die zu denken geben
141 Minuten. ISBN 3-931574-48-2 (CD). ISBN 3-931574-54-7 (Video)

CD-Paket 2 (2 CDs) bzw. Video 2
Die Grenzen des Gewissens *(Vortrag)*
Geschichten, die wenden
135 Minuten. ISBN 3-931574-49-0 (CD). ISBN 3-931574-55-5 (Video)

CD-Paket 3 (3 CDs) bzw. Video 3
Ordnungen der Liebe *(Vortrag)*
Geschichten vom Glück
206 Minuten. ISBN 3-931574-50-4 (CD). ISBN 3-931574-56-3 (Video)

CD-Paket 4 (2 CDs) bzw. Video 4
***Leib und Seele, Leben und Tod** (Vortrag)*
***Psychotherapie und Religion** (Vortrag)*
120 Minuten. ISBN 3-89670-066-9 (CD). ISBN 3-89670-067-7 (Video)

CD 5 bzw. Video 5
***Das Judentum in unserer Seele** (Vortrag)*
52 Minuten. ISBN 3-89670-217-3 (CD). ISBN 3-89670-216-5 (Video)

***Finden, was wirkt. Therapeutische Briefe** 1993*
Erweiterte Neuauflage. 10. Auflage 2000. 214 Seiten.
ISBN 3-466-30389-3. Kösel-Verlag
Diese Briefe geben knapp und verdichtet – meist unter 20 Zeilen! – Antwort auf Fragen von Menschen in Not und zeigen, oft überraschend und einfach, die heilende Lösung. Sie lesen sich wie kleine Geschichten, denn jeder Brief erzählt verschlüsselt ein Schicksal. Es geht um die Themen »Mann und Frau«, »Eltern und Kinder«, »Leib und Seele«, den »tragenden Grund« und »Abschied und Ende«.

***Religion – Psychotherapie – Seelsorge. Gesammelte Texte** 2000*
2. Auflage 2001. 239 Seiten. ISBN 3-466-30526-8. Kösel-Verlag
Dass eine Familie durch eine gemeinsame Seele verbunden, aber auch gesteuert wird, hat Bert Hellinger schon in vielen Publikationen dokumentiert. Seine Methode des Familien-Stellens hat gezeigt, dass wir in größere Zusammenhänge eingebunden sind, die unser Leben unabhängig von unseren Ängsten und Wünschen beeinflussen. Die tief greifenden Auswirkungen des Holocaust in den nachfolgenden Generationen sind nur ein Beleg dafür. Diese Erfahrungen gehen weit über unsere traditionellen Gottesbilder und religiösen Haltungen hinaus. Auch die bisherige Seelsorge wird solchen Erkenntnissen nicht mehr gerecht. Bert Hellinger nähert sich diesen religiösen Fragen deshalb auf eine neue Weise.

***Verdichtetes. Sinnsprüche – Kleine Geschichten – Sätze der Kraft** 1995*
5. Auflage 2000. 109 Seiten. ISBN 3-89670-001-4. Carl-Auer-Systeme Verlag
Die hier gesammelten Sprüche und kleinen Geschichten sind während der therapeutischen Arbeit entstanden. Sie sind nach Themen geordnet: »Wahrnehmen, was ist«, »Die größere Kraft«, »Gut und Böse«, »Mann und Frau«, »Helfen und Heilen«, »Leben und Tod«. Ihr ursprünglicher Anlass scheint manchmal noch durch, doch reichen sie weit darüber hinaus. Gewohntes Denken wird erschüttert, verborgene Ordnungen kom-

men ans Licht. In den Sätzen der Kraft verdichtet sich heilendes Sagen und Tun. Sie bringen eine Lösung in Gang, wenn jemand in ein fremdes Schicksal verstrickt ist oder in persönliche Schuld, und machen für Kommendes frei.

Einsicht durch Verzicht. Der phänomenologische Erkenntnisweg in der Psychotherapie am Beispiel des Familien-Stellens *(Vortrag)*
Audio-Kassette 1999. 57 Min. ISBN 3-89670-164-9. Carl-Auer-Systeme Verlag
Auf dem phänomenologischen Erkenntnisweg setzt man sich der Vielfalt von Erscheinungen aus, ohne zwischen ihnen zu wählen oder zu werten. Die Aufmerksamkeit ist dabei zugleich gerichtet und ungerichtet, gesammelt und leer. Auf diese Weise gewinnt der Therapeut beim Familien-Stellen die Einsichten über das bisher Verborgene und findet die Wege, die aus Verstrickungen lösen. Worauf er dabei zu achten hat, zeigt dieser Vortrag.

Vom Himmel, der krank macht, und der Erde, die heilt *(Vortrag)*
Leiden ist leichter als lösen *(Vortrag)*
2 Audio-Kassetten. 1995/1993. Je 60 Min. ISBN 3-89670-047-2. Carl-Auer-Systeme Verlag
»Vom Himmel, der krank macht, und der Erde, die heilt« beschreibt die grundlegenden Dynamiken, die in Familien zu schweren Krankheiten führen oder zu Unfällen und Selbstmord, und zeigt, was solche Schicksale manchmal noch wendet (ähnlich dem Vortrag »Ordnung und Krankheit«). Auch im Buch »Ordnungen der Liebe«.
»Leiden ist leichter als lösen« ist ein Radiointerview mit Gabriele ten Hövel. Der Text findet sich auch im Buch »Anerkennen, was ist«.

Kurztherapien

Mitte und Maß. Kurztherapien *1999*
2. Auflage 2001. 288 Seiten. ISBN 3-89670-130-4. Carl-Auer-Systeme Verlag
Den in diesem Buch erstmals dokumentierten 63 Kurztherapien ist gemeinsam, dass sich die Lösungen unmittelbar aus dem Geschehen ergeben und daher jedes Mal anders und einmalig sind. Dazwischen gibt Hellinger weiterführende Hinweise, zum Beispiel über die Trauer, die Toten, die Hintergründe von schwerer Krankheit oder von Selbstmord, und er

beschreibt den Erkenntnisweg, der zur Vielfalt der hier dokumentierten Lösungen führt. Man kann diese Kurztherapien lesen wie Kurzgeschichten, manchmal aufwühlend, manchmal erheiternd, manchmal voller Dramatik und dann wieder besinnlich und still.

Paartherapie

Wie Liebe gelingt. Die Paartherapie Bert Hellingers
Herausgegeben von Johannes Neuhauser 1999
2. Auflage 2000. 360 Seiten. ISBN 3-89670-105-3. Carl-Auer-Systeme Verlag
Dieses Buch dokumentiert Bert Hellingers zwanzigjährige Erfahrung in der Arbeit mit Paaren. Die vielen Beispiele aus Hellingers Gruppen- bzw. Rundenarbeit und seinen Paar- bzw. Familienaufstellungen sind lebensnah und lösungsorientiert. Im Zentrum der ausführlichen Erläuterungen und der Gespräche mit Hellinger steht der Lebenszyklus in Paarbeziehungen: das erste Verliebtsein, die Bindung, gemeinsame Elternschaft oder Kinderlosigkeit, schmerzhafte Paarkrisen, das Scheitern der Beziehung und die klare Trennung, das gemeinsame Altwerden und der Tod. Der Herausgeber Johannes Neuhauser hat für dieses Buch seit 1995 Hunderte von Paartherapien Hellingers aufgezeichnet und ausgewertet.

Wie Liebe gelingt. Die Paartherapie Bert Hellingers
5 VHS-Kassetten. 1999. 12 1/2 Stunden. ISBN 3-89670-087-1. Carl-Auer-Systeme Verlag
Dieses Video dokumentiert Bert Hellingers Rundenarbeit und das Familien-Stellen mit 15 Paaren in einer Kleingruppe. Es zeigt zum ersten Mal, wie Bert Hellinger vor und nach dem Familien-Stellen mit den Paaren arbeitet, zum ersten Mal kann man ihm sozusagen über die Schulter schauen und die vielschichtigen Interventionen beobachten.

Wir gehen nach vorne. Ein Kurs für Paare in Krisen *2000*
1. Auflage 2000. 285 Seiten. ISBN 3-89670-230-0. Carl-Auer-Systeme Verlag
Wenn Partner in ihrer Beziehung leiden, obwohl sie einander lieben, dann bleiben ihre Appelle an den gegenseitigen guten Willen und ihre Anstrengungen oft vergebens. Denn Krisen in Paarbeziehungen haben oft mit Verstrickungen in der Herkunftsfamilie zu tun. Dieses Buch zeigt, wie man die eigentlichen Hintergründe ans Licht bringt und wie überraschend leicht die Lösungen fallen, wenn sie bewusst sind.

Wir gehen nach vorne. Ein Kurs für Paare in Krisen
Video-Edition. 3 Videos. Ca. 9 1/2 Stunden. ISBN 3-89670-175-4. Carl-Auer-Systeme Verlag
(Das Video zum gleichnamigen Buch.)

Eltern und Lehrer

Wenn ihr wüsstet, wie ich euch liebe. Wie schwierigen Kindern durch Familien-Stellen und Festhalten geholfen werden kann
Von Jirina Prekop und Bert Hellinger 1998
2. Auflage 1998. 276 Seiten. ISBN 3-466-30470-9. Kösel-Verlag
Manche Kinder fordern ihre Umwelt in besonderem Maße heraus. Jirina Prekop und Bert Hellinger erkannten, dass die Gründe oftmals im Verborgenen liegen und Ergebnis einer gestörten Ordnung des familiären Systems sind. Anhand von neun Fallgeschichten zeigen sie, wie Betroffene ihre Familien aufgestellt haben, um mögliche systemische Verstrickungen aufzudecken, und wie die Festhaltetherapie ermöglichte, das Erlebte emotional nachzuvollziehen. Eindrucksvoll erfährt der Leser, wie beide Methoden helfen, die Liebe zwischen Eltern und Kindern zu erneuern.

Kindliche Not und kindliche Liebe. Familien-Stellen und systemische Lösungen in Schule und Familie
Von Sylvia Gòmez-Pedra (Hrsg.) unter Mitwirkung von Bert Hellinger, Sieglinde Schneider und Marianne Franke-Gricksch 2000
2. Auflage 2001. 224 Seiten. ISBN 3-89670-149-5. Carl-Auer-Systeme Verlag
Gestörtes und auffälliges Verhalten von Kindern bringt Eltern und andere erwachsene Begleiter oft an den Rand ihrer Kräfte, löst Aggressionen und Unverständnis aus und endet nicht selten in einem Ausschluss des schwierigen Kindes aus dem normalen Umfeld. Dieses Buch bietet hier konkrete Hilfe an. Die Autoren bringen ihre vielfältigen Erfahrungen als Therapeuten, Lehrer und Eltern ein, um zusammen mit den Betroffenen hinter Verhaltensstörungen und Krankheiten bei Kindern zu schauen. Werden einmal jene Beweggründe erkannt, die Kinder tatsächlich in auffälliges Verhalten treiben, so lassen sich auch die Kraftquellen in der Familie erschließen, aus denen ihnen Ruhe und Sicherheit zukommt.
(Das Video dazu ist erhältlich bei: Movements of the Soul, siehe S. 219.)

Adoption und Behinderte

Haltet mich, dass ich am Leben bleibe. Lösungen für Adoptierte *1998*
2. Auflage 2001. 216 Seiten. ISBN 3-89670-092-8. Carl-Auer-Systeme Verlag
Der hier dokumentierte Kurs für erwachsene Adoptierte zeigt, wie die Bindung des Kindes an seine leiblichen Eltern weiterwirkt. Es zeigt aber auch, wie diese Bindung auf eine Weise gelöst werden kann, die es dem Adoptivkind ermöglicht, sich seinen neuen Eltern zuzuwenden und von ihnen den Halt und die Liebe zu nehmen, die sie ihm schenken.

Haltet mich, daß ich am Leben bleibe. Lösungen für Adoptierte
2 VHS-Kassetten. 1997. 7 Stunden. ISBN 3-89670-061-8. Carl-Auer-Systeme Verlag
(Das Video zum gleichnamigen Buch.)

In der Seele an die Liebe rühren. Familien-Stellen mit Eltern und Pflegeeltern von behinderten Kindern *1998*
120 Seiten. ISBN 3-89670-093-6. Carl-Auer-Systeme Verlag
Eltern, die ein behindertes Kind haben, und Pflegeeltern, die ein solches Kind aufnehmen, werden vom Schicksal dieser Kinder auf eine besondere Weise in Dienst genommen. Wie ihre Liebe an diesem Schicksal und dieser Aufgabe wächst, wird uns in diesem Buch bewegend vor Augen geführt.

In der Seele an die Liebe rühren. Familien-Stellen mit Eltern und Pflegeeltern behinderter Kinder
1 VHS-Kassette. 1998. 2 1/2 Stunden. ISBN 3-89670-064-2. Carl-Auer-Systeme Verlag
(Das Video zum gleichnamigen Buch.)

Was in Familien krank macht und heilt

Was in Familien krank macht und heilt. Ein Kurs für Betroffene *2000*
2. Auflage 2000. 288 Seiten. ISBN 3-89670-123-1. Carl-Auer-Systeme Verlag
Dieses Buch führt die bereits veröffentlichten Dokumentationen über das Familien-Stellen mit Kranken in wesentlichen Punkten weiter. Es vermittelt vertiefte Einsichten in die familiengeschichtlichen Hintergründe

von schwerer Krankheit und Selbstmordgefährdung und dokumentiert das Familien-Stellen in neuen Zusammenhängen wie Sucht, religiöser Verstrickung, Trauma und tragischen Schicksalsschlägen.

Was in Familien krank macht und heilt. Ein Kurs für Betroffene
3 VHS-Kassetten. 1999. 9 1/2 Stunden. ISBN 3-89670-160-6. Carl-Auer-Systeme Verlag
(Das Video zum gleichnamigen Buch.)

Wo Schicksal wirkt und Demut heilt. Ein Kurs für Kranke *1998*
2., korr. Auflage 2001. 322 Seiten. ISBN 3-89670-195-9. Carl-Auer-Systeme Verlag
Dieses Buch dokumentiert das Familien-Stellen mit Kranken und die familiengeschichtlichen Hintergründe von schwerer Krankheit, von Unfällen und Selbstmord. Bert Hellinger erklärt ausführlich die einzelnen Schritte und vermittelt dadurch auch eine umfassende Einführung in das Familien-Stellen. Darüber hinaus enthält dieses Buch zahlreiche Beispiele von Kurztherapien.

Wo Schicksal wirkt und Demut heilt. Familien-Stellen mit Kranken
3 VHS-Kassetten. 1998. 9 1/2 Stunden. ISBN 3-89670-060-X. Carl-Auer-Systeme Verlag
(Das Video zum gleichnamigen Buch.)

Schicksalsbindungen bei Krebs. Ein Kurs für Betroffene, ihre Angehörigen und Therapeuten *1997*
3. Auflage 2001. 202 Seiten. ISBN 3-89670-008-1. Carl-Auer-Systeme Verlag
Dieses Buch dokumentiert am Beispiel von Krebs, wie Schicksalsbindungen in der Familie schwere Krankheiten mitbedingen und aufrechterhalten. Und es zeigt, wie die Liebe, die krank macht, sich löst in Liebe, die heilt.

Bert Hellinger arbeitet mit Krebskranken. Ein Kurs für Betroffene, ihre Angehörigen und Therapeuten
2 VHS-Kassetten. 7 1/2 Stunden. ISBN 3-89670-007-3. Carl-Auer-Systeme Verlag
(Das Video zum Buch »Schicksalsbindungen bei Krebs«.)

Die größere Kraft. Bewegungen der Seele bei Krebs
Herausgegeben von Michaela Kaden 2001
1. Auflage 2001. 194 Seiten. ISBN 3-89670-181-9. Carl-Auer-Systeme Verlag
Dieses Buch dokumentiert einen Kurs für Krebskranke in Salzburg. Es führt die Einsichten über die familiengeschichtlichen Hintergründe bei Krebs weiter. Es achtet noch genauer auf die Bewegungen der Seele, die auf der einen Seite die Krankheit aufrechterhalten und auf der anderen Seite die Hinwendung zum Leben ermöglichen.

Familien-Stellen mit Kranken. Dokumentation eines Kurses für Kranke, begleitende Psychotherapeuten und Ärzte *1995*
3., erweiterte u. überarbeitete Auflage 1998. 339 Seiten.
ISBN 3-89670-018-9. Carl-Auer-Systeme Verlag
Ein praxisnaher Einführungskurs in das Familien-Stellen mit Kranken und in die familiengeschichtlichen Hintergründe von chronischer und lebensbedrohender Krankheit. Im Anhang finden sich Rückmeldungen und Ergänzungen ein Jahr nach dem Kurs.

Familien-Stellen mit Kranken. Ein Kurs für Kranke, begleitende Psychotherapeuten und Ärzte
3 VHS-Kassetten. 1995. 10 Stunden. ISBN 3-927809-55-1. Carl-Auer-Systeme Verlag
(Das Video zum gleichnamigen Buch.)

Liebe am Abgrund. Ein Kurs für Psychosepatienten
Herausgegeben von Michaela Kaden 2001
1. Auflage 2001. 272 Seiten. ISBN 3-89670-205-X. Carl-Auer-Systeme Verlag
Grundlage dieses Buches ist ein Kurs Bert Hellingers über die »Familiendynamik bei Psychosen«. Neu und in Ergänzung zum Familien-Stellen finden vor allem Aufstellungen mit der freien Bewegung der Stellvertreter Anwendung. Bert Hellinger nennt dieses Vorgehen »Arbeit mit den Bewegungen der Seele«. Besonderes Augenmerk liegt hier auf der schuldhaften Verstrickung von Vorfahren im Kontext des Dritten Reiches, aber auch im Rahmen persönlicher Schuld bei abgetriebenen oder verleugneten toten Kindern. Viele dieser Ereignisse gelten in der Familie als Geheimnis; in der Aufstellung kommen sie manchmal ans Licht. Dabei fließen vor allem die Erfahrungen Hellingers zur Dynamik zwischen Opfern und Tätern ein, die er während der beiden letzten Jahre sammeln konnte. Sie ermöglichen Lösungen, die auf dieser Ebene durch das Familien-Stellen alleine bisher noch nicht sichtbar werden konnten.

Liebe am Abgrund. Ein Kurs für Psychosepatienten
3 VHS-Kassetten. 10 Stunden. ISBN 3-89670-178-9. Carl-Auer-Systeme Verlag
(Das Video zum gleichnamigen Buch.)

Familienstellen mit Psychosekranken. Ein Kurs mit Bert Hellinger
Herausgegeben von Robert Langlotz 1998
232 Seiten. ISBN 3-89670-101-0. Carl-Auer-Systeme Verlag
Dieses Buch dokumentiert Bert Hellingers therapeutische Arbeit – vor allem das Familien-Stellen – in einem Kurs mit 25 Psychosekranken. Robert Langlotz hat viele Patienten nachbefragt und die Ergebnisse kommentiert in diesen Band aufgenommen. Er fasst die Verstrickungen, Verwirrungen und Loyalitätskonflikte zusammen, die durch die Aufstellungen der Psychosekranken sichtbar werden. Dieser erste Erfahrungsbericht lässt neue Sichtweisen, psychotisches Verhalten zu verstehen, aufleuchten und macht Mut, das Familien-Stellen als diagnostisches und therapeutisches Instrument in der stationären und ambulanten Psychotherapie anzuwenden.

Leiden ist leichter als lösen. Ein Praxiskurs mit Bert Hellinger. Familienaufstellungen mit Suchtkranken
Herausgegeben von Heribert Döring-Meijer 2000
229 Seiten. ISBN 3-87387-444-X. Junfermann Verlag
Dieses Buch dokumentiert das Familien-Stellen mit Suchtkranken. Es zeigt, dass die Sucht in vielfältiger Weise mit Verstrickungen in die Geschichte und Schicksale der Herkunftsfamilie zusammenhängt. Abgesehen von jenen Fällen, in denen die Sucht auch als Sühne für persönliche Schuld gesehen werden muss, ist es meistens das Kind in den Süchtigen, das mit der Sucht etwas Gutes für andere erreichen will. Diese Einsicht ermöglicht es den Helfern, die Süchtigen zu achten und vor allem für das Kind in ihnen die Lösung zu suchen.

Ordnung und Krankheit. Vortrag und therapeutisches Werkstattgespräch 1994 (Video)
130 Min. ISBN 3-931574-74-1. Carl-Auer-Systeme Verlag
Der Vortrag »Ordnung und Krankheit« beschreibt, was in Familien zu schweren Krankheiten, Unfällen und Selbstmord führt und was solche Schicksale wendet. Im therapeutischen Werkstattgespräch erläutert Hellinger anhand von dreißig Fragen seine Psychotherapie und erzählt aus der Praxis seiner Arbeit. Die Fragen stellt Johannes Neuhauser.

Trauma

Wo Ohnmacht Frieden stiftet. Familien-Stellen mit Opfern von Trauma, Schicksal und Schuld *2000*
270 Seiten. ISBN 3-89670-111-8. Carl-Auer-Systeme Verlag
In diesem Buch wird an vielen Beispielen beschrieben, wie Opfern von Trauma, Schicksal und Schuld geholfen werden kann, sich ihrem Schicksal zu stellen und aus der Zustimmung zu ihren Grenzen ihre Würde zu wahren und Frieden zu finden. Dabei werden auch Vorgehensweisen dokumentiert, die über die bisherigen Methoden des Familien-Stellens hinausführen.

Wo Ohnmacht Frieden stiftet. Familien-Stellen mit Opfern von Trauma und Schicksal
3 VHS-Kassetten. 2000. 6 1/2 Stunden. ISBN 3-89670-082-0. Carl-Auer-Systeme Verlag
(Das Video zum gleichnamigen Buch.)

Holocaust

Der Abschied. Nachkommen von Tätern und Opfern stellen ihre Familie *1998*
2., erweiterte Auflage 2001. 370 Seiten. ISBN 3-89670-092-8. Carl-Auer-Systeme Verlag
Wie Schuld und Schicksal von Tätern und Opfern des Nationalsozialismus auf deren Nachkommen wirken, dem ist Hellinger seit Jahren in seinen Kursen für Kranke begegnet. Mit den Kranken musste er sich den Tätern und Opfern in ihren Familien stellen und versuchen, im Einklang mit ihnen das Leid für ihre Nachkommen zu mildern und vielleicht zu beenden. Dieses Buch dokumentiert diese Versuche. Dabei kommen sowohl die Überlebenden und die Nachkommen zu Wort als auch die Schuldigen und die Toten. Wenn sie geachtet sind, ziehen sie sich still zurück, und die Lebenden ziehen frei über die Grenze, die sie von den Toten noch trennt.

Das Überleben überleben. Nachkommen von Überlebenden des Holocaust stellen ihre Familie
VHS-Kassette. 1998. 2 1/4 Stunden. ISBN 3-89670-074-X. Carl-Auer-Systeme Verlag
Dieses Video ergänzt das Buch »Der Abschied«. Es zeigt drei Aufstellungen mit Nachkommen von Überlebenden des Holocaust.

Die Toten. Was Opfer und Täter versöhnt
VHS-Kassette. 1999. 60 Min. ISBN 3-89670-163-0. Carl-Auer-Systeme Verlag
Dieses Video dokumentiert die wohl bewegendste Aufstellung Bert Hellingers mit einem Überlebenden des Holocaust. Sie bringt auf erschütternde Weise ans Licht, dass die Opfer und ihre Mörder ihr Sterben erst vollenden, wenn sie beide einander als Tote begegnen. Und wenn sich beide im Zustand, der alle Unterschiede aufhebt, einem gemeinsamen übermächtigen Schicksal ausgeliefert erfahren, das jenseits aller menschlicher Unschuld und Schuld über sie verfügt und sie jetzt im Tod geläutert in Liebe eint und versöhnt.

Frieden und Versöhnung

Bewegungen der Seele
3 VHS-Kassetten. 2001. 9 1/2 Stunden. ISBN 3-89670-179-7. Carl-Auer-Systeme Verlag
Die Arbeit mit den Bewegungen der Seele verlangt hohe, gesammelte Aufmerksamkeit, den Abschied von gewohnten Vorstellungen, den Verzicht auf Steuerung von außen, die Bereitschaft, sich von dem im Augenblick Sichtbaren leiten zu lassen und sich Unbekanntem anzuvertrauen. Das heißt, vom Therapeuten und von den Stellvertretern wird eine noch viel größere Zurückhaltung verlangt als beim Familien-Stellen.
Das Achten auf die Bewegungen der Seele und das Sich-ihnen-Anvertrauen hat sich im Lauf der Zeit aus dem Familien-Stellen entwickelt. Das Familien-Stellen wurde durch sie verdichtet und vertieft. Beide, das Familien-Stellen und die Bewegungen der Seele, ergänzen und bedingen einander.

Bewegungen auf Frieden hin. Lösungsperspektiven durch das Familien-Stellen bei ethnischen Konflikten
Deutsch mit englischer Übersetzung
2 VHS-Kassetten. 2001. 4 1/4 Stunden. ISBN: PAL 3-89670-222-X. NTSC 3-89670-221-1. Carl-Auer-Systeme Verlag oder Movements of the Soul – Video Productions
Dieses Video dokumentiert den ersten Tag der Internationalen Arbeitstagung »Konfliktfelder – Wissende Felder« in Würzburg. Bert Hellinger, begleitet von Hunter Beaumont, demonstrierte vor 1600 Teilnehmern, wie die ungelösten Konflikte zwischen Völkern und Gruppen die Beziehungen in Familien beeinflussen. Zugleich wurde dabei deutlich, wie im

engeren Bereich der Familie sich Bewegungen zeigen, die auch ein Licht auf die Beziehungen zwischen diesen Völkern und Gruppen werfen, und welche Bewegungen der Seele dem Frieden und der Versöhnung zwischen Völkern und Gruppen dienen können.

Organisationen

Organisationsberatung und Organisationsaufstellungen. Werkstattgespräch über die Beratung von (Familien-)Unternehmen, Institutionen und Organisationen. 26 Fragen an Bert Hellinger
Interview: Johannes Neuhauser
VHS-Kassette. 1998. 35 Min. ISBN 3-89670-077-4. Carl-Auer-Systeme Verlag

Rilke

Rainer Maria Rilke: Duineser Elegien
Eingeführt und gelesen von Bert Hellinger
Doppel-CD. 2000. 135 Min. ISBN 3-89670-169-X. Carl-Auer-Systeme Verlag
Rilkes »Duineser Elegien« und seine »Sonette an Orpheus« haben Bert Hellinger lange begleitet. Hellinger führt die Hörer in diese Dichtungen ein und liest Rilkes Werke einfühlsam und gesammelt, so dass ihr Sinn sich der Seele erschließt.
Die »Duineser Elegien« sind Klagelieder, und zwar von jener seltsamen Art, die den Verlust, den sie beklagen, am Ende als Fortschritt und Vollendung erscheinen lassen. In den »Duineser Elegien« stellt sich Rilke den letzten Wirklichkeiten: dem Tod, der Verwandlung und dem Sinn – und fügt sich ihnen; doch so, dass er dennoch das uns verbleibende Hiesige feiert und preist.

Rainer Maria Rilke: Sonette an Orpheus
Eingeführt und gelesen von Bert Hellinger
Doppel-CD. 2000. 90 Min. ISBN 3-89670-168-1. Carl-Auer-Systeme Verlag
Die »Sonette an Orpheus« atmen die gelöste Klarheit der Vollendung. Was Rilke in den »Duineser Elegien« erst nach langem inneren Ringen gelang, wird hier ohne Bedauern bejaht und gefeiert: das Ganze des Da-

seins, wie es sich wandelt im Entstehen wie im Vergehen und Lebende wie Tote gleichermaßen umfasst. Als Sinnbild für dieses Ganze dient Rilke die Figur Orpheus. In ihm verdichten sich beide Bereiche zu Musik und Gesang.

Der späte Rilke. Der Weg zu den Elegien und Sonetten
Von Dieter Bassermann. Mit einem Vorwort von Bert Hellinger 2000
268 Seiten. ISBN 3-89670-134-7. Carl-Auer-Systeme Verlag
Die großartigen Visionen in Rilkes »Duineser Elegien« und den »Sonetten an Orpheus« haben sich in der intensiven Begegnung mit menschlichen Schicksalen als wegweisend und hilfreich erwiesen. Vielen gewagten Schritten, die Hellinger beim Familien-Stellen geht, liegen Einsichten zugrunde, die sich ihm aus diesem Buch eröffneten. Sie lösten am Ende in den Beteiligten Erfahrungen aus, die weit über den unmittelbaren Anlass und die nahe liegende Lösung hinauswiesen. Andererseits hat das Familien-Stellen viele der gewagten Aussagen Rilkes als gültige Erfahrungen und Einsichten bestätigt.

Stiller Freund der vielen Fernen. Bert Hellinger liest eine Auswahl aus den Sonetten an Orpheus
VHS-Kassette. 60 Min.
Erhältlich bei Movements of the Soul, siehe S. 219.

Zeitschrift

Praxis der Systemaufstellung. Beiträge zu Lösungen in Familien und Organisationen
Diese Zeitschrift erscheint zweimal im Jahr (Juni und Dezember), der Jahresbezugspreis beträgt für Deutschland DM 36,50, für Österreich und die Schweiz DM 38,50, für alle übrigen Länder DM 48,50.

Abonnement, Versand und Information:
Internationale Arbeitsgemeinschaft Systemische Lösungen nach Bert Hellinger e.V., Germaniastr. 12, D-80802 München
Tel.: (089) 38 10 27 10, Fax: (089) 38 10 27 12

Anschrift der Redaktion:
RAG, c/o W. De Philipp, Ainmillerstr. 37, D-80801 München
Tel.: (089) 34 78 20, Fax: (089) 34 78 68, E-Mail: wdphilipp@okay.net

Movements of the Soul – Video Productions

Diese Video-Edition wird herausgegeben von Harald Hohnen, Thomas Münzer und Gunthard Weber.
Die Movements of the Soul – Video Productions hat sich zum Ziel gesetzt, die stetig wachsenden internationalen Aktivitäten Bert Hellingers zu dokumentieren und, in Form von Videos, einem breiteren Publikum zugänglich zu machen. Die bisherigen Seminarreisen außerhalb des deutschsprachigen Raumes führten Bert Hellinger in die USA, nach Kanada, Mexiko, Chile, Brasilien, Argentinien, Spanien, Italien, Polen, Tschechien, Griechenland, Frankreich, Holland, Großbritannien und Israel, wo seine Arbeit als innovativer Beitrag im therapeutischen Feld gesehen und gewürdigt wird.
Harald Hohnen, ein Berliner Psychotherapeut, hat die meisten dieser Reisen und Kurse auf Digital-Videokamera aufgezeichnet. Zu Beginn erfolgten diese Aufnahmen nur im Rahmen der persönlichen Dokumentation für Bert Hellinger. Es zeigte sich jedoch schnell, dass neue interessante und tief greifende Bewegungen in den Aufstellungen sichtbar wurden, die einen wesentlichen Impuls für die weitere Entwicklung des »Familien-Stellens« gaben. Auf der Grundlage der »Ordnungen der Liebe« und den Einsichten zur Dynamik des Familiengewissens gewannen die »Bewegungen der Seele« zunehmend mehr Raum und führten zu Lösungen, die in ihrem versöhnenden Charakter weit über die Schicksalsgemeinschaft Familie hinausführten.
Mit Unterstützung von Bert Hellinger und gemeinsam mit Thomas Münzer und Gunthard Weber veröffentlicht Harald Hohnen nun einige dieser Aufnahmen und stellt sie damit nicht nur den Teilnehmern der Kurse von Bert Hellinger in den jeweiligen Seminarorten zur Verfügung, sondern auch den deutschen und internationalen Interessenten.
Die Videoproduktion »Movements of the Soul« versteht sich damit als Ergänzung zu den von Johannes Neuhauser hervorragend gestalteten Videos, erschienen im Carl-Auer-Systeme Verlag, die die Grundlagen der Arbeit Bert Hellingers darstellen.
Naturgemäß sind die hier zugänglich gemachten Aufnahmen eher als »Werkstatt-Videos« zu bezeichnen, da die Erstellung sich den jeweils örtlich gegebenen Bedingungen anpassen musste. Sie sind dadurch nicht immer von ausgezeichneter Qualität, haben jedoch gerade dadurch ihren eigenen Charakter.
Diese Edition wird laufend erweitert. Den neuesten Prospekt erhalten Sie von MOVEMENTS OF THE SOUL – VIDEO PRODUCTIONS
c/o Harald Hohnen, Uhlandstr. 161, D-10719 Berlin.

Edition »Die besondere Aufstellung« (= BA)

BA 001 ***»Der andere Glaube / La otra fe«***
Bert Hellinger
Deutsch/Spanisch – Sevilla, März 2000, ca. 40 Min., PAL/NTSC
Die Aufstellung zeigt die Beziehung zwischen einem Vater und seinen Söhnen, von denen einer bei einem Unfall ums Leben kam und der andere selbstmordgefährdet ist. Der Vater, ein ehemaliger Priester, meint offensichtlich unbewusst, dass er seine Kinder Gott opfern muss, wie Abraham einst den Isaak. In Anlehnung an die Geschichte »Die Liebe« stellt Bert Hellinger dem Vater die Frage nach dem größeren Glauben.
Eine sehr eindrucksvolle, tief gehende Aufstellung mit ausführlichen Erläuterungen zu dem im Hintergrund wirkenden Bedürfnis nach Ausgleich und seine verheerenden Folgen, wenn es auf Gott übertragen wird. Dieses Video kann als ideale Ergänzung zu Bert Hellingers Buch »Religion – Psychotherapie – Seelsorge« (Kösel-Verlag) betrachtet werden.

BA 003 ***»Die Mütter und ihre verschwundenen Kinder in Buenos Aires / Las madres y sus hijos desaparecidos en Buenos Aires«***
Bert Hellinger
Deutsch/Spanisch – Buenos Aires, September 1999, ca. 45 Min., PAL/NTSC
Bei seinem Besuch in Argentinien war Bert Hellinger mit dem Schicksal der »Mütter der Verschwundenen« des »Plaza del Mayo« konfrontiert. In dieser Aufstellung lässt er drei Mütter und ihre verschwundenen Kinder ihren eigenen Bewegungen folgen. Es zeigt sich das Bedürfnis der Geborgenheit der Kinder bei den Eltern und das größere Bedürfnis nach der Ruhe bei den Toten.

BA 004 ***»Der Krieg«***
Bert Hellinger
Deutsch – Berlin, Juni 2000, ca. 55 Min., PAL
In der Aufstellung zum 2. Weltkrieg stehen sich deutsche und russische Soldaten und ihre Offiziere gegenüber. Eine intensive Begegnung beginnt, in der, ohne Worte, die Stellvertreter ausschließlich dem inneren Impuls des Feldes folgen. Die entstehende Bewegung verläuft über verschiedene Stadien und zeigt den Hass, die Verblendung, den Tod, den Schmerz, die Trauer, und endet dann würde- und kraftvoll mit dem Blick der Überlebenden auf das Schlachtfeld und die Opfer auf beiden Seiten.

*BA 005 »**Die unterbrochene Hinbewegung / Il movimento interrotto verso la persona amata**«*
Bert Hellinger
Deutsch/Italienisch – Verona, Mai 2000, ca. 75 Min., PAL
Selten hat Bert Hellinger in den letzten Jahren während eines Kurses die therapeutische Arbeit mit der unterbrochenen Hinbewegung so ausführlich wie hier demonstriert. In einem Kurs in Italien wird aus einer Aufstellung heraus das »Nehmen der Eltern« problematisiert. Hellingers Erfahrung führt gleich anfangs zur Frage nach Schwierigkeiten bei der Geburt der Klientin. Er setzt die Arbeit mit der Technik der »Vollendung der Hinbewegung« fort. Oft wird dieser Prozess als zweite Geburt erlebt. Nach dieser eindrucksvollen Demonstration können wir am »Gebet am Morgen des Lebens« zu Mutter und Vater teilhaben. Die Arbeit wird weitergeführt, indem Bert Hellinger den NLP-»Ankerausgleich« anwendet und hiermit die Arbeit mit der Klientin abrundet. Mit Fragen und Antworten zu dieser Arbeit werden Bert Hellingers Aussagen zur unterbrochenen Hinbewegung erweitert. (Ergänzung zu K 002.)

*BA 006 »**Die Anhaftung der Toten / L'attaccamento dei morti**«*
Bert Hellinger
Deutsch/Italienisch – Verona, Mai 2000, ca. 45 Min., PAL
Die Aufstellung zeigt eine neue Dynamik in den Bewegungen zwischen Lebenden und Toten. Bert Hellinger beschreibt sie als »Anhaftungsbewegung« der Toten an die Lebenden, die unter bestimmten Umständen an den Nachkommen haften und versuchen, sie zu sich in den Tod zu ziehen. Damit zeigt sich ein neues Phänomen, das im Unterschied zur »Nachfolge« der Lebenden zu den Toten Fragen zu einem neuen Aspekt dieser Bewegungen aufwirft. (Ergänzung zu K 002.)

*BA 010 »**Wege zur Mutter und zum Vater**«*
Bert Hellinger
Deutsch/Spanisch – Mexiko-Stadt, Mai 2000, 85 Minuten, PAL/NTSC
Immer wieder beeindruckend sind die Arbeiten von Hellinger mit der Bewegung zur Mutter oder zum Vater. Auch in Mexiko-Stadt ergaben sich ganz besonders tiefe Aufstellungen und eine »Welturaufführung«. Hellinger arbeitet mit einer Klientin, die Rückenschmerzen hat, anschließend mit einer Klientin, deren Mutter früh verstarb. Er referiert über die unterbrochene Hinbewegung sowie allgemein zur Beziehung zwischen Kindern und Eltern. Zum Abschluss zeigt er »den Strom des Lebens« mit einem Klienten, der die Verbindung zu den Ahnen verloren hat und mit einem aufsässigen Sohn konfrontiert ist.

*BA 011 »**Der Blick zum Tod**«*
Bert Hellinger
Deutsch/Spanisch – Mexiko-Stadt, Mai 2000, 90 Minuten, PAL/NTSC
Bei seinem ersten Besuch in Mexiko zeigte Bert Hellinger eindrucksvoll, dass insbesondere in der Arbeit mit schweren Schicksalen von Klienten eine Lösung nur möglich ist, wenn auf dieses schwere Schicksal geschaut wird – und sei es auch der Tod. Er arbeitet mit einer Klientin, die Krebs hat, und einem Mann, der HIV-positiv ist. Hellinger entwickelt in diesen beiden Arbeiten sehr eindrucksvoll »Die Bewegungen der Seele«-Elemente. Zum Abschluss führt Hellinger eine Klientin, die nach der 14. Operation seelische Unterstützung sucht, in eine äußerst tiefe Meditation.

Edition »Der Vortrag« (= V)

*V 001 »**Was Eltern und Kinder und Männer und Frauen verbindet und trennt / Lo que une y separa a padres e hijos, a hombres y mujeres**«*
Bert Hellinger
Deutsch/Spanisch – Sevilla, März 2000, ca. 60 Min., PAL/NTSC
Bert Hellinger referiert sehr eindrucksvoll über das Gewissen, den Ausgleich und über die Ordnungen der Liebe, die hinter der Verbindung von Mann und Frau stehen und die zwischen Eltern und Kindern wirken. Beeindruckend sind die vielen Beispiele aus der Praxis seiner Aufstellungsarbeit. Der Vortrag ist »state of the art«.

*V 002 »**Das Gewissen und die Seele / L'anima e la coscienza**«*
Bert Hellinger
Deutsch/Italienisch – Verona, Mai 2000, ca. 45 Min., PAL
Bert Hellinger berichtet in äußerst dichter Form über die Bewegungen der Seele, die über die Grenzen des Gewissens hinausgehen. Hier gibt er eine zusammenfassende Darstellung seiner bisherigen neuen Erkenntnisse. (Ergänzung zu K 002.)

*V 003 »**Stiller Freund der vielen Fernen**«*
VHS-Kassette, 60 Min.
Bert Hellinger liest eine Auswahl aus den »Sonetten an Orpheus« und führt in sie ein.

Edition »Der Kurs« (= K)

K 002 ***»Liebe, die krank macht, Liebe, die heilt / L'amore che fa ammalare, l'amore che guarisce«***
Bert Hellinger
Deutsch/Italienisch – Verona, Mai 2000, PAL
Dokumentiert wird Bert Hellingers erster Kurs in Italien. Die getroffene Auswahl eignet sich besonders als Einführung in das Familien-Stellen, gibt jedoch auch einen Überblick über die gegenwärtige Schaffensphase von Bert Hellinger und seinem derzeitigen Erkenntnisstand des phänomenologisch-systemischen Hintergrundes des Familien-Stellens. Diese Entwicklung führt ihn über die »Ordnungen der Liebe« hin zu den »Bewegungen der Seele«.
Ergänzend zu diesem Kurs empfehlen wir die ebenfalls in Italien aufgenommenen Videobänder BA 005 »Die unterbrochene Hinbewegung«, BA 006 »Die Anhaftung der Toten« und V 002, den Vortrag »Das Gewissen und die Seele«.

Teil 1, ca. 80 Min.
In diesem Teil geht es intensiv um die familiären Hintergründe einer Drogensucht. Bert Hellinger referiert dabei über das Familien-Stellen allgemein und das persönliche bewusste Gewissen.

Teil 2, ca. 130 Min.
Teil 2 zeigt Bert Hellingers Arbeit mit der problematischen Beziehung von Nachkommen zu ihren idealisierten Vorfahren, die Loslösung von den Eltern und den Toten. Darüber hinaus berichtet er über seine Erfahrungen zur Familiendynamik bei Selbstmord.

Teil 3, ca. 55 Min.
Bert Hellinger spricht in Teil 3 über die »Nacht des Geistes« . Er schlägt in seinen Aussagen einen weiten Bogen von den christlichen Mystikern am Beispiel von Johannes vom Kreuz bis zu den Taoisten und Lao Tses »Wirken ohne zu handeln«. Die wesentlichen Einsichten zur Haltung des Therapeuten werden in der Arbeit mit einer Frau, deren Mutter bei der Geburt des Bruders gestorben ist, demonstriert.

Teil 4, ca. 80 Min.
Teil 4 nimmt Bezug auf die Wirkungen von Abtreibungen und zeigt eine Aufstellung einer Mutter mit einem behinderten Kind. Bert Hellingers allgemeine Kommentare runden die Dokumentation des Kurses in Verona ab.

K 003 »Zu den tiefen Bewegungen der Seele«
Bert Hellinger
Deutsch – Zug (Schweiz), Oktober 2000, PAL
Die vierteilige Auswahl dieses Kurses zeigt Hellinger immer deutlicher mit den Bewegungen der Seele arbeitend. Neben vielen tiefer gehenden Erläuterungen zum Hintergrund dieser Arbeit und einigen sehr eindrucksvollen Aufstellungen runden Geschichten und Kurztherapien diesen besonderen Kurs ab.

Teil 1, ca. 90 Min.
Hellinger erläutert die Bewegungen der Seele im Zusammenhang mit dem individuellen und dem kollektiven Gewissen. Er demonstriert diesen Zusammnhang in einer Arbeit mit einer Frau und ihren beiden Söhnen, die den Mann bzw. ihren Vater vor einem Jahr durch Krebs verloren haben. Zum anderen mit einer Frau, die wegen ihrer depressiven und magersüchtigen Tochter besorgt ist. Hellinger weist auf die Notwendigkeit der »Sammlung« hin und führt eine Arbeit mit inneren Bildern mit einem Mann mit Diabetes durch.

Teil 2, ca. 90 Min.
Bei der Aufstellung einer Gegenwartsfamilie in der Sorge um den schwerhörigen, verhaltensauffälligen und manchmal gewalttätigen Sohn zeigt sich, dass der Großvater bei der Waffen-SS war und die Identifikation der Klientin bzw. des Sohnes mit dem mörderischen Impuls eines der toten Opfer. Hellinger führt anschließend zum »leeren Horizont« und zur Verneigung vor den Opfern und ihren Eltern bzw. den Tätern und ihren Eltern. Er referiert in diesem Zusammenhang über die Dimensionen der Seele und unterscheidet zum ersten Mal zwischen Bewegungen des Gewissens sowie den tiefer gehenden Bewegungen der großen Seele.

Teil 3, ca. 90 Min.
In dieser Auswahl zeigen wir eine Aufstellung einer Frau, deren Eltern schon sehr frühzeitig Nazis waren. Hellinger stellt neben der Mutter, dem Vater und einem versteckten Juden sowie anderen auch Adolf Hitler auf. Fragen und Antworten über den gegenwärtigen Stand der Arbeit runden diesen herausragenden Teil des Schweizer Kurses ab.

Teil 4, ca. 90 Min.
Hier zeigt Hellinger vier eindrucksvolle Kurztherapien in der besonders verdichteten Form, wie sie zum Beispiel in »Mitte und Maß« beschrieben werden. Er beginnt außerdem mit einer Betrachtung »über das Weite« und endet den Kurs mit einer Geschichte zu den Bewegungen der Seele.

*K 004 »**Kindliche Not und kindliche Liebe**«*
Bert Hellinger
Deutsch – Wien, November 1999, PAL

In dieser dreiteiligen Auswahl zeigt Hellinger Familienaufstellungen im klassischen Sinne. In insgesamt elf Arbeiten wird immer ausgehend vom Kind auf die Dynamiken, die im Familiensystem wirken, geschaut bzw. werden Lösungsansätze oder Wege dargelegt. Dieses Video dokumentiert den Kurs zum obigen Thema mit betroffenen Eltern, Kindern und deren Lehrern. Sylvia Gòmez-Pedra hat das gleichnamige Buch dazu im Carl-Auer-Systeme Verlag herausgegeben. Hellinger zeigt die Beweggründe, die Kinder tatsächlich in auffälliges Verhalten treiben. Er erschließt durch die Aufstellungen die Kraftquellen in der Familie, aus denen ihnen Ruhe und Sicherheit zukommen. Die Entlastung für alle Betroffenen – Kinder wie Erwachsene – ist unmittelbar spürbar. Hellinger referiert darüber hinaus über Eltern, Kinder und Lehrer sowie über die Lösung von Identifikationen und über Anerkennung von Wirklichkeiten. Mit einigen pointierten Bemerkungen sowie unterstützt von einigen seiner therapeutischen Geschichten ist dieser Kurs ein wesentliches Videodokument zur Arbeit mit den Ordnungen der Liebe.

Teil 1, ca. 90 Min.
Über Eltern, Kinder und Lehrer / »Der Sohn hält es bei der Mutter, die an Leukämie erkrankt war, nicht aus« / Mutter mit drei Kindern, die ihren Mann verlassen hat / Mutter lehnt inzwischen ihr »Wunschkind« ab / Der Vater will das Kind nicht / Die Tochter hat noch keine Menstruation

Teil 2, ca. 90 Minuten
Eltern, deren Sohn einnässt / Wie man Kindern mit Geschichten hilft / Eltern, die getrennt leben, ihr Kind hat Probleme in der Schule / Die Mutter kommt aus Argentinien und hat dort ein Kind mit Down-Syndrom / Vater mit Sohn, der an Krebs erkrankt ist

Teil 3, ca. 90 Min.
Der Sohn geht über seine Grenzen / Eltern mit drei Söhnen, einer sagt, er will nicht am Leben bleiben / Die Tochter hatte einen schweren Verkehrsunfall / Über die Lösung von Identifikation / Besessenheit / Über die Anerkennung der Wirklichkeit

K 005 ***»In der Zeit bewirken, was sich uns mit ihr entzieht«***
Bert Hellinger
Deutsch – Berlin, Juni 2000, PAL
Dokumentiert wird eine dreiteilige Auswahl des ersten großen deutschen Kurses, seitdem Bert Hellinger im Frühjahr 2000 in Israel war und dort seine Arbeitsweise entscheidend durch die »Bewegungen der Seele« erweiterte. Wie für Berlin nicht anders zu erwarten, spielen die Nachwirkungen des 2. Weltkrieges sowie die aktuelle Einwanderungsgesellschaft eine wesentliche Rolle.

Teil 1, ca. 90 Min.
Bert Hellinger erläutert die Grundlagen und die aktuelle Entwicklung seiner Arbeit von den Grenzen des Gewissens zu den Ordnungen der Liebe und zu den Bewegungen der Seele. Drehschwindelattacken einer Frau führen in der Aufstellung nach Polen, und Bert Hellinger erläutert anschließend ausführlich die dadurch aufgeworfene Täter-Opfer-Problematik.

Teil 2, ca. 90 Min.
In dieser Auswahl geht es um Adoption, einen abgetriebenen Bruder, um Bulimie und Magersucht sowie um die voraussehbaren Folgen einer Trennung für die Tochter.

Teil 3, ca. 90 Min.
Bert Hellinger referiert über das Helfen, stellt Hongkong, China, Berlin, den Iran und Deutschland auf. In einer weiteren Aufstellung können wir den Nationalsozialismus in Polen betrachten. Auch hier wirkt das Prinzip »Einsicht durch Verzicht«. Zum Abschluss schauen wir auf den Tod und auf das Leben in einer bewegenden Übung mit einer jungen Frau mit Krebs sowie dem ganzen Publikum.

*K 009 »**Vom Wasser des Lebens**«*
Bert Hellinger
Deutsch/Spanisch – Mexiko-Stadt, Mai 2000, PAL/NTSC
In Mexiko-Stadt zeigte Bert Hellinger in einem herausragenden Kurs die Grundlagen des Familien-Stellens bis hin zu den neu entwickelten »Bewegungen der Seele«-Elementen. Er referiert sehr ausführlich über den Zusammenhang zwischen Gewissen und Familie, über das Bedürfnis nach Ausgleich im Zusammenhang von Geben und Nehmen sowie insbesondere über die Beziehung zwischen Eltern und Kindern und Tätern und Opfern.

Teil 1, ca. 125 Min.
Bert Hellinger geht von der Erläuterung des Gewissens zu einer ausführlichen Aufstellung mit einer Klientin mit Schlafkrankheit, referiert dann über die therapeutische Haltung und die Bewegungen der Seele.

Teil 2, ca. 135 Min.
Hier erleben wir das Thema der Zustimmung zu den Ahnen in einer Aufstellung eines kurzsichtigen Mannes, welcher diese Krankheit über Generationen vererbt bekommen hat. Weiter geht es um die Auswirkungen von Grundbesitz und das dazugehörige Schicksal der Ausgebeuteten und der Ausbeuter. Wir erleben die multiple Sklerose sowie die Wirkung von Abtreibung. Bert Hellinger hält außerdem einen kurzen Vortrag über das »therapeutische Vergessen«.

Teil 3, ca. 125 Min.
In diesem Band erleben wir eine äußerst lange Aufstellung mit einem Mann, bei dem Bert Hellinger die »unterbrochene Hinbewegung« sehr ausführlich incl. der dazugehörigen NLP-Ankerausgleichtechnik demonstriert. Im Anschluss daran arbeitet Bert Hellinger mit dem gleichen Klienten zu einem tödlichen Unfall zwischen ihm und seinem Kameraden. Zum Abschluss wird noch einmal die besondere Form der Psychotherapie, das Familien-Stellen, erläutert. Bert Hellinger nimmt sehr eindrucksvoll Bezug zum Thema »Wasser des Lebens«.

Edition »Das Gespräch« (= G)

*G 002 **»Die Bewegungen der Seele«***
Bert Hellinger im Interview mit Harald Hohnen
Deutsch – Washington D.C., Juni 2000, ca. 55 Min., PAL
Bert Hellinger fasst in diesem Interview seine gegenwärtigen Einsichten zur Wirkung des Gewissens in unserem Handeln und als Hintergrund von Verstrickungen zusammen. In der ihm eigenen konzentrierten und dichten Weise spricht er über die Besonderheiten des fühlbaren persönlichen Gewissens und des unbewussten kollektiven Gewissens und trägt so zu einem tieferen Verständnis und einer Entmythologisierung dieser archaischen Triebkräfte bei. Wenn es dem Therapeuten gelingt, die Gewissensbewegungen in ihren Wirkungen auf kollektiver und persönlicher Ebene klar von den Bewegungen der Seele zu trennen, ist es ihm möglich, mit dem Klienten über die Forderungen des Gewissens hinaus in die Bewegungen der Seele hineinzuwachsen. Im Gespräch mit Harald Hohnen berichtet Bert Hellinger von seinen Beobachtungen der Kraft, der Haltung und Bewegung, die helfen, diese Unterscheidung zu treffen.

Bezugsadresse für alle Videos dieser Edition:

MOVEMENTS OF THE SOUL – VIDEO PRODUCTIONS
c/o Harald Hohnen, Uhlandstr. 161, D-10719 Berlin

BERT HELLINGER hat Philosophie, Theologie und Pädagogik studiert und arbeitete sechzehn Jahre lang als Mitglied eines katholischen Missionsordens bei den Zulus in Südafrika. Danach wurde er Psychoanalytiker und kam über die Gruppendynamik, die Primärtherapie, die Transaktionsanalyse und verschiedene hypnotherapeutische Verfahren zu der ihm eigenen System- und Familientherapie.
Bert Hellinger wirkt weit über seinen Fachbereich hinaus, weil er Wesentliches über die Ordnungen der Liebe und des Lebens klar und nachvollziehbar vermittelt.